Gâteaux aux fruits

Gâteaux aux fruits

Au fil des saisons

Bath • New York • Singapore • Hong Kong • Cologne • Delhi
Melbourne • Amsterdam • Johannesburg • Shenzhen

NOTE AUX LECTEURS

Une cuillerée à café correspond à 5 ml, 1 cuillerée à soupe à 15 ml. Sauf mention contraire, les recettes sont préparées avec du lait entier. Les fruits sont de taille moyenne. Les œufs sont de calibre moyen et de poules élevées en plein air. Les oranges et les citrons doivent être non traités car le zeste est souvent utilisé pour parfumer les recettes.

Les recettes contenant des œufs crus ou mi-cuits, des arachides ou des produits à base d'arachide sont déconseillées aux enfants, aux personnes âgées, aux femmes enceintes, aux personnes malades ou en convalescence.

Certains des produits du commerce utilisés dans les recettes peuvent contenir des produits allergènes. Nous conseillons aux personnes allergiques de lire attentivement la composition de tous les produits.

Il est conseillé de conserver les restes de préparations alimentaires au réfrigérateur et de vérifier leur fraîcheur avant de les utiliser. Les produits abîmés ne doivent en aucun cas être consommés.

Toutes les recettes de cet ouvrage ont été préparées, testées et goûtées avec le plus grand soin possible.

Copyright © Parragon Books Ltd
Chartist House 15-17 Trim Street
Bath BA1 1HA Royaume-Uni

Coordination de projet et design : Sabine Vonderstein, Cologne
Introduction et relecture : Juliane Steinbrecher, Cologne
Photographies et stylisme : Patrik Jaros/www.food-experts-group.com
Recettes : Patrik Jaros/www.food-experts-group.com
Assistant : Holger Maas, Eva Peter, Claudia Wörner
Stylisme : Sabine Vonderstein

Édition française
Copyright © Elcy Éditions
48, rue Montmartre
75002 Paris, France

Réalisation : InTexte, Toulouse
Traduction de l'allemand : Marion Richaud-Villain

Tous droits réservés. Aucune partie de ce livre ne peut être reproduite, stockée ou transmise par quelque moyen électronique, mécanique, de reprographie, d'enregistrement ou autres que ce soit sans l'accord préalable des ayants droit.

ISBN : 978-1-4723-3735-1

Imprimé en Chine
Printed in China

Sommaire

Introduction	6
Gâteau à la rhubarbe	10
Tarte aux fraises citronnée	12
Tartelettes aux fraises et à la crème vanillée	14
Tarte mascarpone - fruits des bois	16
Mini-charlottes russes au chocolat blanc	18
Fruits rouges en gelée	20
Tartelettes - crumbles aux fruits rouges	22
Crumble noix - myrtilles	24
Biscuit roulé aux noix et à la poire	26
Gâteau levé poires - mûres	28
Gâteau aux mûres	30
Feuilletés meringués aux fruits rouges	32
Tarte au citron vert et aux framboises	34
Tartelettes meringuées aux groseilles et aux myrtilles	36
Tarte meringuée aux groseilles à maquereau	38
Tarte feuilletée aux prunes	40
Tarte feuilletée aux mirabelles	42
Strudel aux quetsches	44
Gâteau breton aux mirabelles	46
Gâteau de riz aux abricots	48
Gâteau aux abricots et aux myrtilles	50
Tatin de pêches	52
Tarte aux nectarines	54
Kouglof marbré aux cerises	56
Clafoutis aux griottes	58
Gâteau aux cerises de Mamie	60
Gâteau aux pommes et au cidre	62
Apple pies à l'américaine	64
Gâteau aux amandes et aux pommes à la cannelle	66
Gâteau pomme - cannelle	68
Tarte crémeuse au raisin	70
Tarte choco - banane	72
Gâteau coco - ananas	74
Cheesecake à la grenade	76
Gâteau levé à la mangue	78
Cheesecake au petit-lait et au kiwi	80
Cheesecake mandarine et Campari	82
Tarte à l'orange d'Angélique	84
Gâteau roulé au citron	86
Tarte au citron d'Angélique	88
Tarte aux figues au Cointreau	90
Trifle aux fruits macérés au cognac	92
Tarte aux tamarillos et au chocolat	94
Index	96

Introduction

Qui pourrait résister à la tentation d'un savoureux gâteau aux fruits ? Les pâtisseries aux fruits révèlent de mille manières toute la sensualité des fruits, qu'ils aient été cueillis au jardin ou achetés au marché. Aujourd'hui on peut déguster pratiquement toutes les variétés de fruits tout au long de l'année et pourtant il reste judicieux de choisir sa recette en respectant les saisons. On ne trouve par exemple normalement de la rhubarbe qu'au printemps et les quetsches mûrissent plutôt en septembre.

Sabine Vonderstein et Patrik Jaros nous offrent une réinterprétation de recettes connues et éprouvées dans cette compilation de 43 délicieuses pâtisseries aux fruits. Exquises et alléchantes tartelettes, tartes fraîches aux fruits, gâteaux moelleux… Les sources d'inspiration sont nombreuses. Que ce soit pour le goûter autour d'une tasse de café, une visite dominicale ou un anniversaire d'enfants, vous trouverez dans ces pages une recette fruitée pour toutes les occasions et tous les goûts.

Laissez-vous tenter par les grands classiques comme le gâteau aux cerises de Mamie ou le biscuit roulé au citron, par des associations originales telles que le cheesecake à la grenade ou la tarte aux figues au Cointreau ou encore par des créations modernes comme la tarte choco-banane ou le cheesecake au petit-lait et au kiwi. Toutes les pâtisseries de cet ouvrage sont mises en situation sur une magnifique photographie en couleur. Surtout, ne vous découragez pas si votre dessert ne ressemble pas du premier coup à son modèle, il sera quand même délicieux !

Amusez-vous bien et régalez-vous !
Sabine et Patrik

Au fil des saisons

Gâteau à la rhubarbe

**Ingrédients pour
1 plaque à pâtisserie
(30 x 40 cm)**

Préparation : 45 minutes
Cuisson : 45 minutes

Pâte
*400 g de farine, un peu plus
  pour saupoudrer*
2 cuil. à café de levure chimique
*250 g de beurre, un peu plus
  pour graisser*
125 g de sucre
4 œufs
1 pincée de sel
100 ml de lait

Garniture
800 g de rhubarbe
50 g de sucre
*1 cuil. à café de sucre vanillé
sucre glace, pour
  la décoration*

1 Préparer la pâte : mélanger la farine et la levure chimique. Fouetter le beurre au robot culinaire jusqu'à ce qu'il devienne mousseux. Incorporer progressivement le sucre, les œufs, le sel et la farine.

2 Verser progressivement le lait en laissant le moteur tourner jusqu'à ce que la pâte soit lisse. Beurrer la plaque à pâtisserie et la saupoudrer de farine. Verser la pâte sur la plaque et lisser la surface avec une spatule.

3 Préparer la garniture : retirer les extrémités des tiges de rhubarbe, éplucher le bas des tiges, les laver, les essuyer et les couper en tronçons de 2 cm. Mélanger la rhubarbe avec le sucre et le sucre vanillé.

4 Répartir uniformément les morceaux de rhubarbe sur la pâte. Faire cuire le gâteau pendant 45 minutes au four préchauffé à 180 °C (th. 6). Sortir du four, laisser refroidir et saupoudrer de sucre glace au moment de servir.

Conseil : ce gâteau se sert tiède avec de la crème fouettée à la vanille ou de la glace à la vanille.

Tarte aux fraises citronnée

Ingrédients pour
1 moule à tarte (Ø 28 cm)

Préparation : 55 minutes
Réfrigération : 30 minutes
Cuisson : 1 h 10

Pâte
175 g de farine, un peu plus pour saupoudrer
1 œuf
75 g de beurre
30 g de sucre
1 pincée de sel

Garniture
200 ml de lait
200 g de crème fraîche liquide
25 g de sucre glace
zeste râpé de 2 citrons
4 jaunes d'œufs
600 g de fraises bien mûres
100 g de cassis
50 g de sucre glace supplémentaire
zeste râpé d'un petit citron, pour la décoration

1 Préparer la pâte : mélanger la farine, l'œuf, le beurre, le sucre et le sel avec les mains jusqu'à obtention d'une pâte homogène. Envelopper la pâte de film alimentaire et la laisser reposer au moins 30 minutes au réfrigérateur.

2 Pendant ce temps, préparer la garniture : porter le lait à ébullition avec la crème, le sucre glace et le zeste de citron. Laisser reposer 30 minutes. Fouetter délicatement les jaunes d'œufs avec la préparation précédente.

3 Chemiser le moule de papier sulfurisé. Abaisser la pâte sur un plan de travail fariné en un disque de 30 cm de diamètre et en garnir le moule en recouvrant les côtés. Piquer plusieurs fois le fond avec une fourchette.

4 Garnir le fond de tarte de papier sulfurisé, lester avec des légumes secs et faire cuire 15 minutes à blanc dans le four préchauffé à 180 °C (th. 6) sur la grille du bas. Retirer les légumes secs et le papier sulfurisé, puis poursuivre la cuisson 15 minutes. Sortir le fond de tarte du four et réduire la température du four à 140 °C (th. 4-5). Verser la crème citronnée chaude sur le fond de tarte chaud et enfourner 40 minutes, jusqu'à ce que la préparation ait pris. Sortir la tarte du four et la laisser complètement refroidir.

5 Laver, essuyer et équeuter les fraises. Laver et trier les grains de cassis. Garnir la tarte de fraises en les serrant bien.

6 Mixer finement le cassis avec le sucre glace supplémentaire et passer le coulis obtenu au tamis fin. Arroser la tarte aux fraises de coulis de cassis et parsemer de zeste de citron.

Tartelettes aux fraises et à la crème vanillée

Ingrédients pour
4 moules à tartelette (Ø 10 cm)

Préparation : 40 minutes
Cuisson : 18 minutes
Réfrigération : 30 minutes

Pâte
2 œufs
80 g de sucre
1 cuil. à soupe de sucre vanillé
1 pincée de sel
50 g de farine, un peu plus pour saupoudrer
50 g de maïzena
beurre, pour graisser le moule

Crème
2 jaunes d'œufs
1 sachet de préparation pour flan à la vanille
350 ml de lait
150 g de crème fraîche liquide
80 g de sucre
1 cuil. à café de sucre vanillé

Garniture
600 g de fraises
2 cuil. à soupe d'amandes effilées
sucre glace, pour la décoration

1 Préparer la pâte : séparer les blancs des jaunes d'œufs. Battre les jaunes d'œufs au robot culinaire jusqu'à ce qu'ils soient mousseux en versant progressivement le sucre et le sucre vanillé. Monter les blancs d'œufs en neige avec le sel. Mélanger la farine et la maïzena, puis incorporer ce mélange à la préparation à base de jaunes d'œufs avec les blancs en neige.

2 Beurrer et fariner les moules. Répartir la pâte dans les moules et lisser la surface avec une spatule. Faire cuire 18 minutes au four préchauffé à 200 °C (th. 6-7) sur la grille du bas, jusqu'à ce que le dessus des tartelettes soit bien doré. Laisser tiédir, puis démouler sur une grille à pâtisserie.

3 Préparer la crème vanillée : mélanger les jaunes d'œufs avec la préparation pour flan à la vanille et 4 cuillerées à soupe de lait. Porter le reste du lait à ébullition avec la crème, le sucre et le sucre vanillé. Incorporer le mélange à base de jaunes d'œufs, ramener à ébullition et retirer immédiatement la casserole du feu. Verser la préparation dans une jatte et couvrir de film alimentaire. Laisser reposer pendant 30 minutes au réfrigérateur, puis fouetter énergiquement.

4 Préparer la garniture : laver, égoutter et équeuter les fraises. Faire griller les amandes effilées dans une poêle à sec avec un peu de sucre glace jusqu'à ce qu'elles soient bien dorées.

5 Garnir les fonds de tartelettes froids de crème vanillée. Répartir les fraises dessus, pointe vers le haut. Parsemer d'amandes effilées et saupoudrer de sucre glace.

Conseil : ces tartelettes sont tout aussi délicieuses avec d'autres fruits rouges.

Tarte mascarpone - fruits des bois

Ingrédients pour
  1 moule à manqué démontable
  à charnière (Ø 24 cm)

Préparation : 20 minutes
Réfrigération : 4 h 30

Pâte
250 g de biscuits
120 g de beurre
80 g de sucre
1 pincée de cannelle

Garniture
500 g d'un mélange de fruits rouges
  (framboises, mûres, myrtilles)
3 jaunes d'œufs
100 g de sucre
500 g de mascarpone
12 feuilles de gélatine
250 g de crème fraîche liquide
80 g de petits-beurre
sucre glace, pour la décoration

1 Préparer le fond de tarte : mettre les biscuits dans un sac en plastique et les écraser finement à l'aide d'un rouleau à pâtisserie. Faire fondre le beurre dans une casserole, ajouter les miettes de biscuits, le sucre et la cannelle, et bien mélanger. Chemiser le moule de papier sulfurisé, répartir le mélange précédent dans le fond du moule en pressant bien et laisser reposer 30 minutes au réfrigérateur.

2 Préparer la garniture : trier les fruits rouges, puis les laver et les égoutter.

3 Battre les jaunes d'œufs avec le sucre jusqu'à ce que le mélange devienne mousseux. Ajouter le mascarpone et 300 g de fruits rouges. Faire ramollir les feuilles de gélatine pendant 10 minutes dans de l'eau froide, les essorer et les faire fondre dans une petite casserole avec un peu d'eau sans cesser de remuer. Incorporer la gélatine dissoute à la préparation précédente.

4 Fouetter la crème jusqu'à ce qu'elle soit très ferme et l'incorporer à la préparation. Répartir le tout dans le moule, couvrir de film alimentaire et laisser reposer 4 heures au réfrigérateur.

5 Sortir la tarte du réfrigérateur, retirer le film alimentaire et garnir du reste des fruits rouges. Démouler, recouvrir les côtés de la tarte de petits-beurre et saupoudrer de sucre glace.

Mini-charlottes russes au chocolat blanc

Ingrédients pour
  8 petits moules hauts (de 100 ml)
  et 1 plaque à pâtisserie
  (30 x 40 cm)

Préparation : 40 minutes
Réfrigération : 2 heures
Cuisson : 12 minutes

Crème
5 feuilles de gélatine
½ gousse de vanille
200 ml de lait
60 g de chocolat blanc
3 jaunes d'œufs
40 g de sucre
250 g de crème fraîche liquide

Biscuits
3 œufs
40 g de sucre glace
1 cuil. à café de sucre vanillé
1 pincée de sel
50 g de sucre, un peu plus
  pour saupoudrer
60 g de farine, tamisée
30 g de maïzena

Garniture
150 g de framboises
150 g de myrtilles
sucre glace,
  pour la décoration

1 Faire ramollir les feuilles de gélatine pendant 10 minutes dans de l'eau froide. Fendre la gousse de vanille en deux et prélever les graines. Porter le lait à ébullition avec les graines de vanille. Casser le chocolat blanc en carrés, l'ajouter au lait chaud et le laisser fondre.

2 Battre les jaunes d'œufs avec le sucre jusqu'à ce que le mélange devienne mousseux, puis incorporer progressivement la préparation précédente. Fouetter le tout au bain-marie jusqu'à obtention d'une crème épaisse. Retirer la crème du bain-marie, y incorporer la gélatine essorée et la passer au tamis fin. Laisser refroidir au réfrigérateur en mélangeant plusieurs fois.

3 Fouetter la crème jusqu'à ce qu'elle soit bien épaisse et en incorporer la moitié à la préparation précédente. Ajouter la crème fouettée restante et répartir le tout dans les moules. Couvrir de film alimentaire et laisser prendre 2 heures au réfrigérateur.

4 Préparer les biscuits : séparer les blancs des jaunes d'œufs. Fouetter les jaunes d'œufs avec le sucre glace et le sucre vanillé jusqu'à ce que le mélange devienne mousseux. Monter les blancs d'œufs en neige avec le sel et le sucre, puis les incorporer à la préparation avec la farine et la maïzena tamisées.

5 Transférer la préparation dans une poche à douille munie d'un embout de taille nº 12 et dresser des bandes de 5 x 1 cm sur une plaque à pâtisserie chemisée de papier sulfurisé. Saupoudrer les biscuits de sucre et les faire cuire pendant 12 minutes au four préchauffé à 180 °C (th. 6). Sortir du four et laisser refroidir.

6 Démouler les charlottes après avoir décollé les bords avec un couteau. Recouvrir les côtés des charlottes de biscuits, ajouter les fruits et saupoudrer de sucre glace.

Fruits rouges en gelée

Ingrédients pour
1 moule à charlotte en verre
(600 ml)

Préparation : 25 minutes
Réfrigération : 6 heures

200 g de fraises
150 g de mûres
150 g de cassis
150 g de framboises
125 g de myrtilles
750 ml de mousseux sec
60 g de sucre
1 cuil. à café de sucre vanillé
12 feuilles de gélatine
250 g de crème fraîche
1 cuil. à café de sucre glace

1 Trier, laver et égoutter les fruits. Couper les fraises en deux. Faire ramollir les feuilles de gélatine pendant 10 minutes dans de l'eau froide.

2 Faire chauffer 100 ml de mousseux avec le sucre et le sucre vanillé, puis y faire fondre les feuilles de gélatine essorées. Verser la préparation dans un grand bol et ajouter le reste du mousseux. Dès que la gélatine commence à prendre, ajouter les fruits rouges et verser le tout dans le moule en verre. Couvrir de film alimentaire et laisser reposer 6 heures au réfrigérateur.

3 Plonger le moule contenant la gelée pendant quelques secondes dans de l'eau chaude pour démouler plus facilement la gelée. Démouler la gelée sur un plat de service.

4 Au moment de servir, mélanger la crème fraîche et le sucre glace, et napper la gelée aux fruits rouges du mélange.

Au fil des saisons

Tartelettes-crumbles aux fruits rouges

Ingrédients pour
6 moules à tartelette (Ø 10 cm)

Préparation : 25 minutes
Réfrigération : 30 minutes
Cuisson : 35 minutes

Pâte
150 g de farine
1 cuil. à café de levure chimique
100 g de beurre, un peu plus pour graisser
150 g de sucre
1 cuil. à café de sucre vanillé
1 pincée de sel
1 œuf

Crumble
100 g de farine
50 g d'amandes en poudre
100 g de sucre
1 cuil. à café de sucre vanillé
100 g de beurre ramolli

Garniture
250 g de framboises
150 g de myrtilles
150 g de mûres
sucre glace, pour la décoration

1 Préparer la pâte : mélanger la farine et la levure chimique, puis ajouter le beurre, le sucre, le sucre vanillé, le sel et l'œuf. Pétrir avec les mains jusqu'à obtention d'une pâte homogène. Former une boule, l'envelopper de film alimentaire et la laisser reposer 30 minutes au réfrigérateur.

2 Beurrer les moules à tartelettes. Diviser la pâte en 6 portions et en garnir les moules. Faire cuire les fonds de tartelettes à blanc pendant 15 minutes à blanc au four préchauffé à 180 °C (th. 6), puis les laisser refroidir.

3 Préparer le crumble : mettre la farine dans un bol, ajouter le reste des ingrédients et pétrir jusqu'à obtention d'une pâte sableuse.

4 Préparer la garniture : laver et trier les fruits rouges. En garnir les tartelettes et parsemer le tout de crumble.

5 Enfourner les tartelettes 20 minutes, puis les laisser refroidir. Décoller le bord des tartelettes des moules à l'aide d'un couteau pointu, démouler et saupoudrer de sucre glace au moment de servir.

Crumble noix-myrtilles

Ingrédients pour
1 plaque à pâtisserie ronde
(Ø 26 cm)

Préparation : 30 minutes
Réfrigération : 30 minutes
Cuisson : 35 minutes

Pâte
250 g de farine, un peu plus
  pour saupoudrer
1 cuil. à café de levure chimique
75 g de sucre
1 cuil. à café de sucre vanillé
125 g de beurre, un peu plus
  pour graisser
2 œufs
2 cuil. à soupe de chapelure

Garniture
400 g de myrtilles
2 jaunes d'œufs
90 g de sucre
1 cuil. à soupe de sucre vanillé
50 ml de lait
100 g de noix en poudre
120 g de farine
sucre glace, pour la décoration

1 Préparer la pâte : mélanger la farine, la levure chimique, le sucre et le sucre vanillé. Couper le beurre en dés, puis l'incorporer au mélange précédent avec les œufs. Pétrir rapidement avec les mains jusqu'à obtention d'une pâte homogène. Envelopper de film alimentaire et laisser reposer au moins 30 minutes au réfrigérateur.

2 Beurrer la plaque. Abaisser la pâte sur un plan de travail fariné en un disque d'un diamètre un peu supérieur à celui de la plaque. Garnir le moule avec la pâte en recouvrant les bords. Piquer plusieurs fois le fond de tarte avec une fourchette et saupoudrer de chapelure.

3 Préparer la garniture : trier, laver et égoutter les myrtilles, puis les répartir sur la pâte.

4 Mélanger les jaunes d'œufs, le sucre, le sucre vanillé et le lait. Ajouter les noix. Incorporer la farine et pétrir jusqu'à obtention d'une pâte sableuse. Parsemer les myrtilles de ce crumble.

5 Faire cuire le crumble pendant 25 minutes au four préchauffé à 170 °C (th. 5-6) jusqu'à ce que la pâte soit légèrement doré. Laisser refroidir complètement avant de servir, puis saupoudrer de sucre glace.

Biscuit roulé aux noix et à la poire

Ingrédients pour
1 plaque à pâtisserie
(30 × 40 cm)

Préparation : 45 minutes
Cuisson : 20 minutes
Réfrigération : 5 heures

Pâte
4 œufs
4 cuil. à soupe d'eau chaude
50 g de sucre
75 g de farine T45
45 g de maïzena
50 g de noix en poudre
1 cuil. à café de levure chimique en poudre

Garniture
800 g de poires
400 ml de jus de poire
zeste d'un demi-citron
1 pincée de cannelle
80 g de sucre
4 feuilles de gélatine
250 g de crème fraîche liquide
sucre glace, pour la décoration

1 Préparer la pâte : séparer les blancs des jaunes d'œufs. Monter les blancs d'œufs en neige avec l'eau chaude, puis ajouter progressivement le sucre sans cesser de battre. Incorporer délicatement les jaunes d'œufs. Mélanger la farine, la maïzena, les noix et la levure chimique, puis ajouter ce mélange à la préparation précédente.

2 Chemiser la plaque de papier sulfurisé. Étaler uniformément la pâte à biscuit sur la plaque et la faire cuire immédiatement pendant 20 minutes au centre du four préchauffé à 170 °C (th. 5-6).

3 Démouler immédiatement le biscuit sur un torchon humide. Humecter le papier sulfurisé à l'aide d'un pinceau et le décoller rapidement. Enrouler le biscuit avec le torchon et le laisser refroidir pendant 2 heures.

4 Préparer la garniture : laver, peler et évider les poires, puis les couper en lamelles. Mettre les poires, le jus de poire, le zeste de citron, la cannelle et le sucre dans une casserole. Porter à ébullition, laisser bouillir quelques secondes puis retirer la casserole du feu. Faire ramollir les feuilles de gélatine dans de l'eau froide, les essorer et les faire fondre dans le sirop de poire chaud. Réserver au réfrigérateur.

5 Fouetter la crème jusqu'à ce qu'elle soit bien épaisse. Dès que la gelée de poire commence à prendre, incorporer délicatement la crème fouettée.

6 Dérouler délicatement le biscuit et le napper de crème à la poire. Rouler immédiatement le biscuit et le laisser reposer 3 heures au réfrigérateur. Saupoudrer de sucre glace au moment de servir.

Gâteau levé poires - mûres

Ingrédients pour
  1 plaque à pâtisserie
  (30 x 40 cm)

Préparation : 1 h 15
Pause : 1 heure
Cuisson : 30 minutes

Pâte
500 g de farine
50 g de sucre
1 pincée de sel
42 g de levure fraîche
  (1 cube)
280 ml de lait tiède
beurre, pour graisser
  le moule

Garniture
3 poires
250 g de mûres
zeste d'une orange
50 g de sucre roux
100 g de gelée de coing
sucre glace, pour
  la décoration

1 Préparer la pâte : mélanger la farine, le sucre et le sel dans un bol. Émietter la levure et la délayer dans le lait tiède. Verser ce mélange dans le bol et mélanger à l'aide d'un batteur électrique jusqu'à obtention d'une pâte lisse. Couvrir et laisser lever 30 minutes près d'une source de chaleur.

2 Préparer la garniture : laver et peler les poires. Les couper en quatre et les évider. Couper les quartiers de poire en lamelles. Trier, laver et égoutter les mûres. Couper le zeste d'orange en fines lanières.

3 Abaisser la pâte à l'aide d'un rouleau à pâtisserie en un rectangle de la taille de la plaque. Beurrer la plaque et la recouvrir avec la pâte. Répartir uniformément les fruits et les zestes d'orange sur la pâte en pressant un peu, puis saupoudrer de sucre roux. Laisser lever encore 30 minutes.

4 Faire cuire pendant 30 minutes environ au four préchauffé à 200 °C (th. 6-7). Porter la gelée de coing à ébullition, en badigeonner le gâteau encore chaud et laisser refroidir. Saupoudrer de sucre glace au moment de servir.

Gâteau aux mûres

Ingrédients pour
1 moule à manqué démontable
à charnière (Ø 22 cm)

Préparation : 30 minutes
Cuisson : 1 heure

Pâte
100 g de beurre
160 g de sucre
3 œufs
jus et zeste râpé d'une orange
100 g de semoule de blé fine
1 cuil. à café de levure chimique
*1 sachet de préparation pour flan
  à la vanille*
500 g de fromage blanc allégé

Garniture
500 g de mûres
*60 g de sucre glace, un peu plus
  pour la décoration*

1 Préparer la pâte : battre le beurre en crème dans un bol à l'aide d'un batteur électrique jusqu'à ce qu'il devienne mousseux. Ajouter le sucre, les œufs, le zeste et le jus d'orange. Continuer à battre jusqu'à ce que la préparation soit bien lisse.

2 Mélanger la semoule, la levure et la préparation pour flan à la vanille. Incorporer ce mélange à la préparation précédente, puis ajouter le fromage blanc.

3 Chemiser le moule de papier sulfurisé, y verser la pâte et lisser la surface. Faire cuire pendant 1 heure au four préchauffé à 180 °C (th. 6) jusqu'à ce que la pâte soit bien dorée.

4 Laisser reposer quelques minutes dans le moule, puis démouler sur une grille à pâtisserie. Retirer le papier sulfurisé et laisser complètement refroidir.

5 Préparer la garniture : trier, laver et égoutter les mûres. Mixer 150 g de mûres avec le sucre glace et passer le coulis ainsi obtenu au tamis fin. Garnir le gâteau des mûres restantes, arroser de coulis de mûres et saupoudrer de sucre glace au moment de servir.

Conseil : on peut remplacer la semoule de blé par de la semoule de maïs fine, qui donnera une belle couleur jaune à la pâte. On peut aussi utiliser des fraises des bois ou des myrtilles.

Feuilletés meringués aux fruits rouges

Ingrédients pour
  1 plaque à pâtisserie
  (30 x 40 cm), 8 parts

Préparation : 30 minutes
Cuisson : 15 minutes
Réfrigération : 10 minutes

*500 g de pâte feuilletée surgelée
  (2 blocs de pâte crue à étaler)
farine, pour saupoudrer
  le plan de travail
1 jaune d'œuf
30 g d'amandes effilées
125 g de myrtilles
200 g de groseilles
125 g de framboises
200 g de crème fraîche liquide
125 g de sucre glace
1 gousse de vanille
2 blancs d'œufs
sucre glace, pour la décoration*

1 Laisser décongeler la pâte feuilletée sur un plan de travail. Saupoudrer les blocs de farine et les abaisser au rouleau à pâtisserie de sorte qu'ils aient 1 cm d'épaisseur. Déposer les blocs abaissés sur la plaque chemisée de papier sulfurisé.

2 Battre le jaune d'œuf et en badigeonner les blocs de pâte feuilletée. Parsemer d'amandes effilées et faire cuire pendant 15 minutes au four préchauffé à 190 °C (th. 6-7) sur la grille du bas, jusqu'à ce que la pâte soit bien dorée. Laisser refroidir.

3 Pendant ce temps, trier et laver les myrtilles et les groseilles, puis les égoutter sur un torchon. Trier les framboises sans les laver.

4 Fouetter la crème avec 25 g de sucre dans un robot de cuisine jusqu'à ce qu'elle soit bien épaisse. Couvrir et réserver au réfrigérateur. Fendre la gousse de vanille en deux et en gratter les graines. Monter les blancs d'œufs en neige souple, puis incorporer progressivement le sucre et la vanille sans cesser de battre jusqu'à obtention d'une meringue ferme et bien brillante. Incorporer la crème fouettée à la meringue.

5 Couper les feuilletées en deux dans l'épaisseur. Étaler la moitié de la crème meringuée sur les moitiés inférieures, ajouter les fruits et garnir avec la crème meringuée restante. Couvrir avec la partie supérieure des feuilletés. Saupoudrer de sucre glace au moment de servir et couper en tranches de 5 cm de largeur.

Conseil : ces feuilletés peuvent aussi être garnis d'une crème vanillée (*voir* page 14) et d'autres variétés de fruits.

Tarte au citron vert et aux framboises

Ingrédients pour
1 moule à tarte (Ø 24 cm)

Préparation : 45 minutes
Réfrigération : 1 heure
Cuisson : 1 h 05

Pâte
*175 g de farine, un peu plus
   pour saupoudrer*
1 œuf
75 g de beurre
30 g de sucre
½ cuil. à café de sel

Garniture
250 ml de lait
250 g de crème fraîche liquide
*120 g de sucre glace, un peu plus
   pour la décoration*
zeste de 2 citrons verts
6 jaunes d'œufs
600 g de framboises

Crème
250 g de mascarpone
jus et zeste râpé d'un citron vert
80 g de sucre glace

1 Préparer la pâte : mélanger la farine, l'œuf, le beurre, le sucre et le sel dans un robot de cuisine équipé d'un crochet pétrisseur jusqu'à obtention d'une pâte homogène. Façonner une boule, l'envelopper de film alimentaire et la laisser reposer 30 minutes au réfrigérateur.

2 Préparer la garniture : porter le lait à ébullition avec la crème, le sucre glace et le zeste de citron vert, et laisser reposer 30 minutes. Incorporer les jaunes d'œufs à la préparation.

3 Chemiser le moule de papier sulfurisé. Abaisser la pâte sur un plan de travail légèrement fariné en un disque de 30 cm de diamètre et en couvrir le moule. Piquer plusieurs fois le fond de tarte avec une fourchette et laisser reposer 30 minutes au réfrigérateur.

4 Garnir le fond de tarte de papier sulfurisé, lester avec des légumes secs et faire cuire 15 minutes à blanc au four préchauffé à 180 °C (th. 6) sur la grille du bas. Enlever les légumes secs et le papier sulfurisé, et poursuivre la cuisson pendant 15 minutes. Sortir du four et baisser la température du four à 140 °C (th. 4-5). Réchauffer rapidement la crème aux œufs, en réserver 2 cuillerées à soupe et verser le reste sur le fond de tarte chaud. Enfourner de nouveau et laisser cuire encore 35 minutes. Sortir du four et laisser refroidir.

5 Laver et trier les framboises, puis les répartir sur la tarte.

6 Préparer la crème : mélanger le mascarpone avec la crème aux œufs réservée, le sucre glace, le zeste et le jus de citron vert. Verser le mélange au centre de la tarte, saupoudrer de sucre glace et parsemer éventuellement de zeste de citron vert râpé.

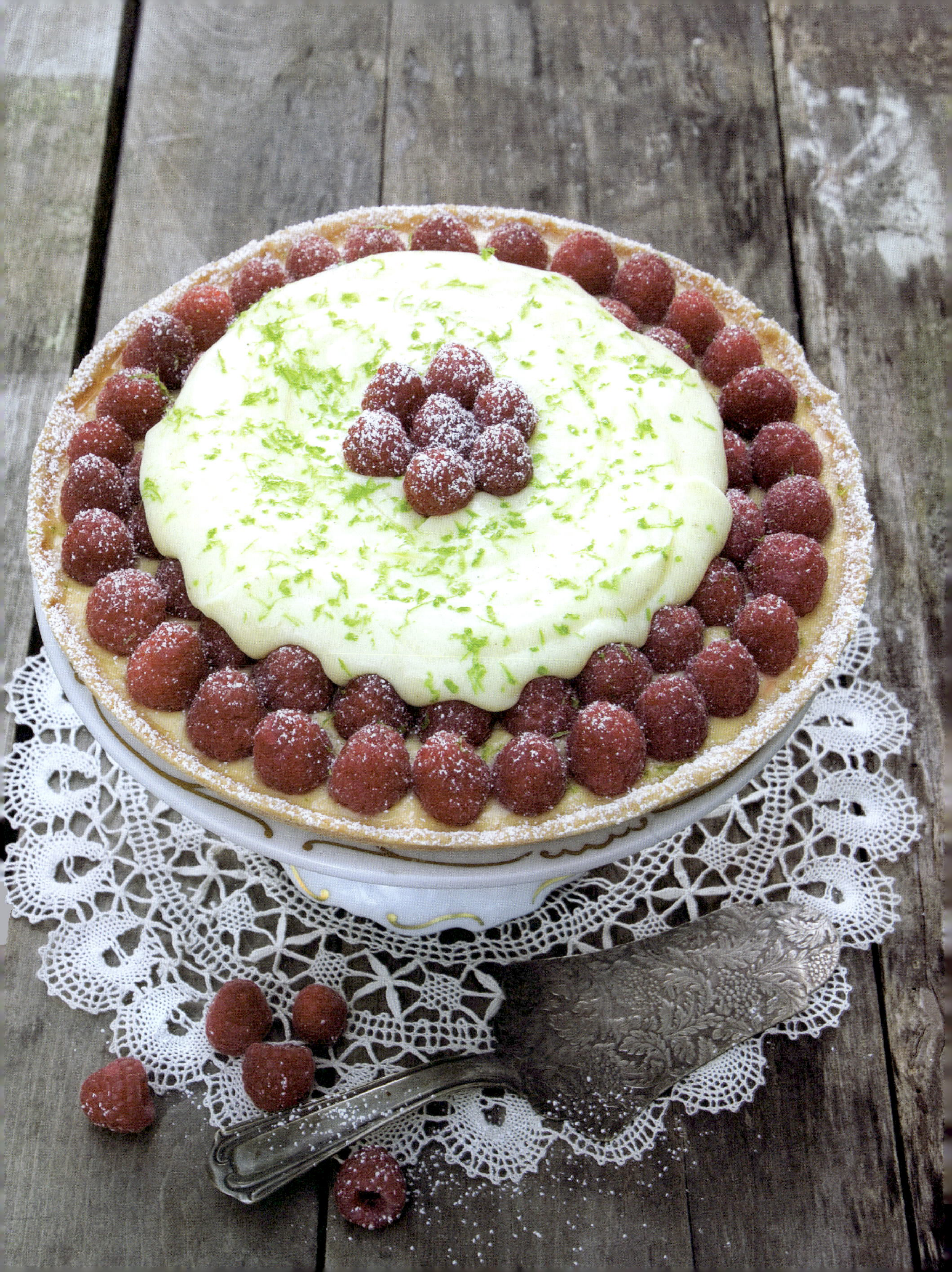

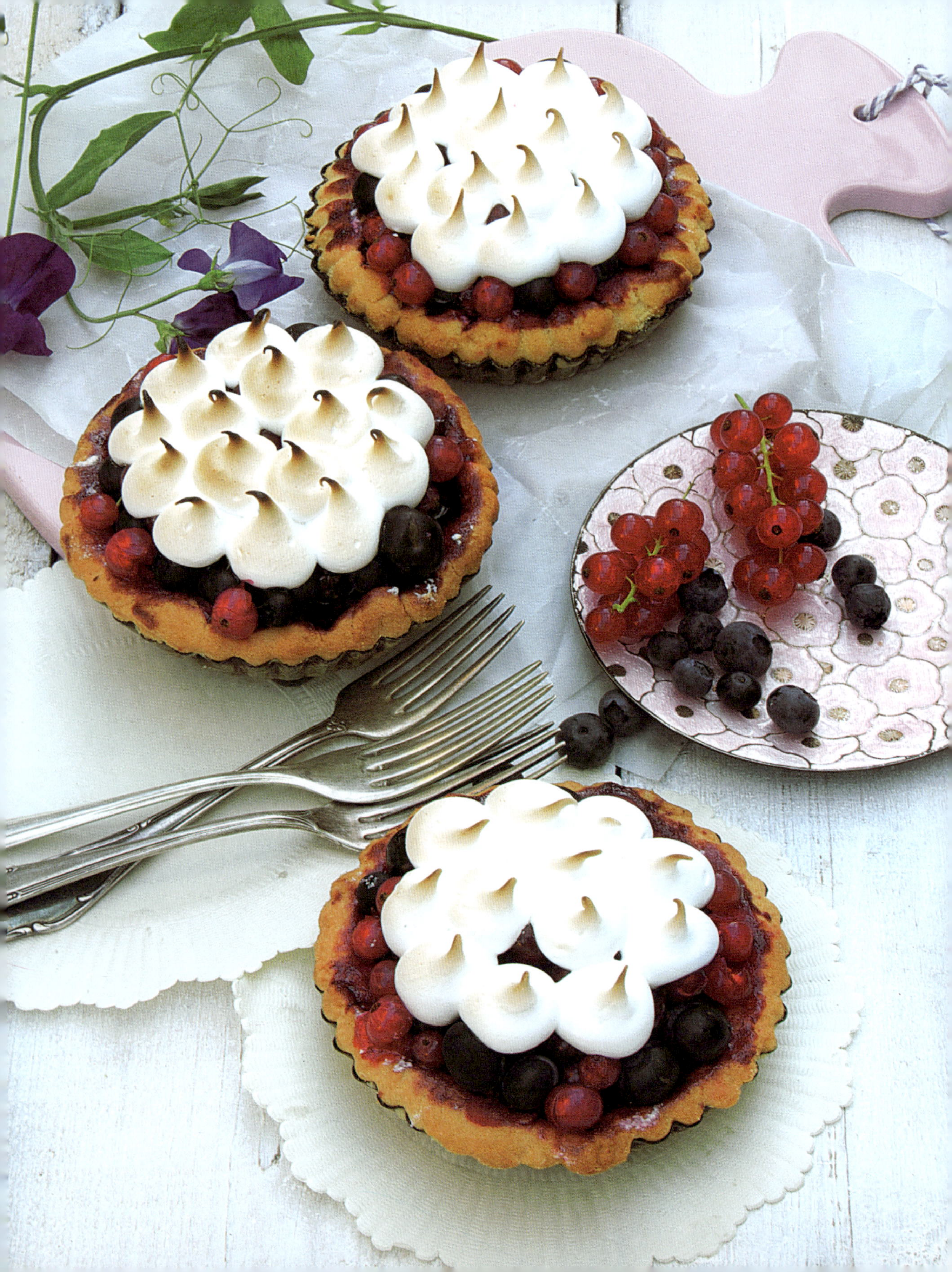

Tartelettes meringuées aux groseilles et aux myrtilles

Ingrédients pour
8 moules à tartelette (Ø 10 cm)

Préparation : 35 minutes
Cuisson : 25 minutes

Pâte
300 g de farine, un peu plus pour saupoudrer
1 cuil. à café de levure chimique
200 g de beurre, un peu plus pour graisser
100 g de sucre
1 sachet de sucre vanillé
1 œuf

Garniture
100 g de confiture de myrtilles
250 g de myrtilles
250 g de groseilles

Meringue
3 blancs d'œufs
180 g de sucre
zeste d'un demi-citron

1 Préparer la pâte : mélanger la farine et la levure chimique. Battre le beurre en crème avec le sucre, le sucre vanillé et l'œuf dans un robot de cuisine jusqu'à ce que le mélange devienne mousseux. Ajouter la farine et mélanger avec le crochet pétrisseur jusqu'à obtention d'une pâte lisse.

2 Beurrer et fariner les moules. Sur un plan de travail fariné, abaisser la pâte sur une épaisseur de 5 mm. Poser les moules côte à côte et les recouvrir de pâte. Presser la pâte dans les moules et égaliser les bords à l'aide d'un couteau. Faire cuire les fonds de tartelettes pendant 15 minutes au four préchauffé à 180 °C (th. 6). Sortir du four et laisser refroidir.

3 Préparer la garniture : mélanger la confiture de myrtilles pour la lisser et l'étaler sur les fonds de tartelette. Laver et trier les myrtilles et les groseilles, puis les répartir sur les tartelettes.

4 Préparer la meringue : monter les blancs d'œufs en neige souple, puis incorporer progressivement le sucre sans cesser de battre. Continuer à battre encore 5 minutes à vitesse rapide jusqu'à obtention d'une meringue ferme et bien brillante. Ajouter le jus de citron. Transférer la meringue dans une poche à douille et dresser des pointes de meringue sur les tartelettes.

5 Enfourner les tartelettes et les laisser cuire 10 minutes, jusqu'à ce que les pointes de meringue soient légèrement grillées. Sortir du four et laisser refroidir avant de servir.

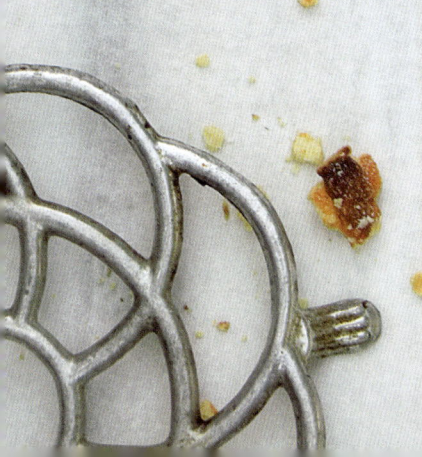

Tarte meringuée aux groseilles à maquereau

Ingrédients pour
1 moule à tarte (Ø 26 cm)

Préparation : 40 minutes
Pause : 1 heure
Cuisson : 1 h 05

Pâte
*250 g de farine, un peu plus
  pour saupoudrer*
60 g de sucre
1 pincée de sel
zeste râpé d'un citron
21 g de levure fraîche (½ cube)
120 ml de lait tiède
1 œuf
beurre, pour graisser le moule

Garniture
550 g de groseilles à maquereau
500 g de fromage blanc allégé
20 g de maïzena
120 g de sucre
1 cuil. à café de sucre vanillé
zeste râpé d'un citron
1 cuil. à soupe de jus de citron
2 œufs
1 pincée de sel

Meringue
3 blancs d'œufs
130 g de sucre

1   Préparer la pâte : tamiser la farine dans un bol et creuser un puits au centre. Répartir le sucre, le sel et le zeste de citron autour du puits. Émietter la levure dans le puits et la délayer avec un peu de lait. Couvrir et laisser lever 30 minutes près d'une source de chaleur.

2   Pétrir la pâte en incorporant le lait restant et l'œuf. Couvrir et laisser lever encore 30 minutes.

3   Pendant ce temps, préparer la garniture : laver les groseilles à maquereau et les égoutter. Mélanger le fromage blanc, la maïzena, le sucre, le sucre vanillé, le zeste et le jus de citron, les œufs et le sel jusqu'à ce que la préparation soit bien lisse.

4   Préparer la meringue : monter les blancs d'œufs en neige souple, puis incorporer progressivement le sucre sans cesser de battre. Continuer à battre encore 5 minutes à vitesse rapide jusqu'à obtention d'une meringue ferme et bien brillante.

5   Beurrer le moule. Abaisser la pâte sur un plan de travail fariné au rouleau à pâtisserie et en garnir le moule. Verser la préparation à base de fromage blanc sur la pâte et lisser la surface. Recouvrir de groseilles à maquereau en pressant un peu pour les enfoncer dans la crème.

6   Faire cuire 50 minutes environ au four préchauffé à 180 °C (th. 6). Étaler la meringue sur la tarte, enfourner de nouveau et faire cuire encore 15 minutes. Laisser la tarte refroidir dans le moule, puis la démouler sur un plat à tarte au moment de servir.

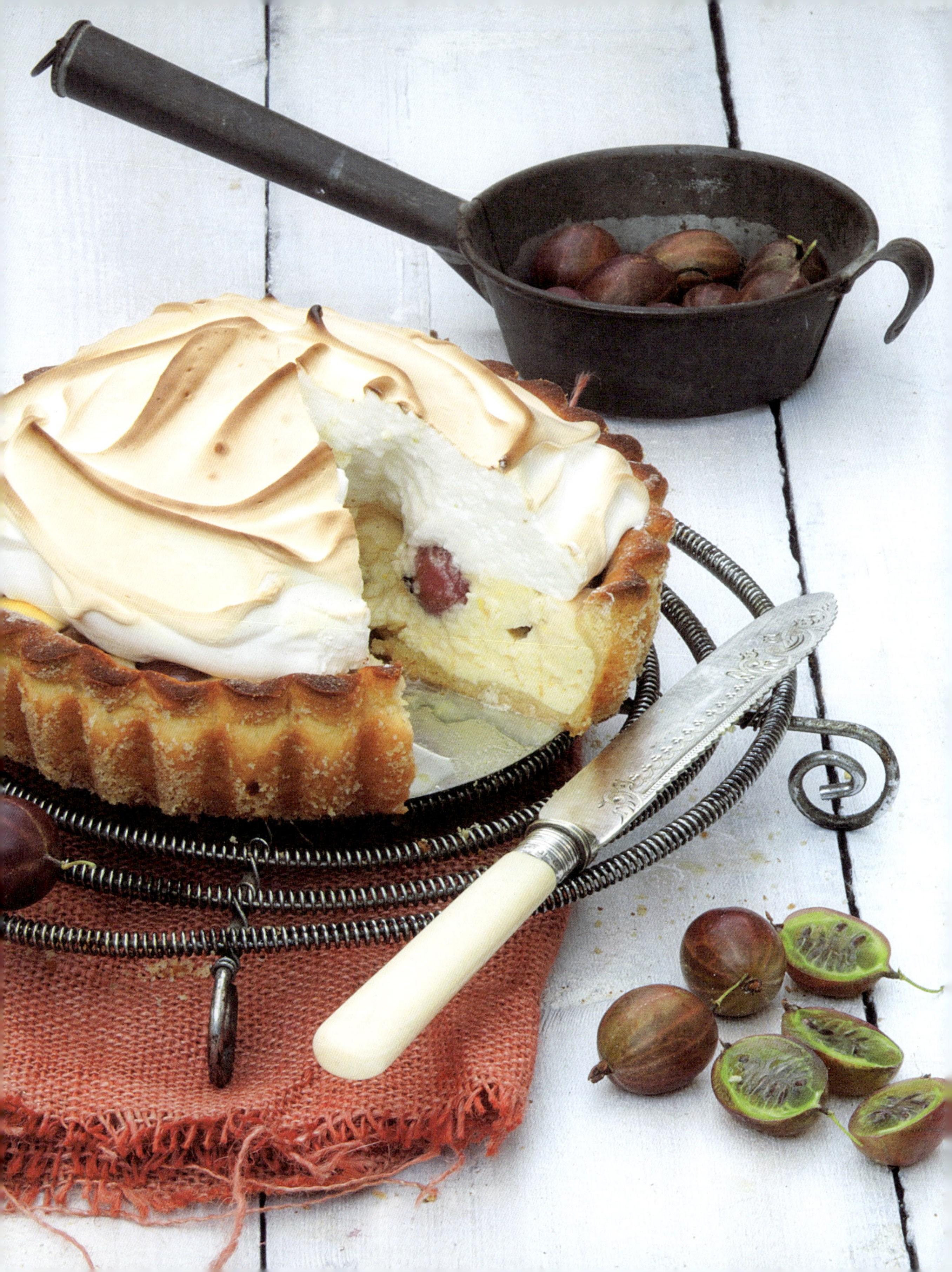

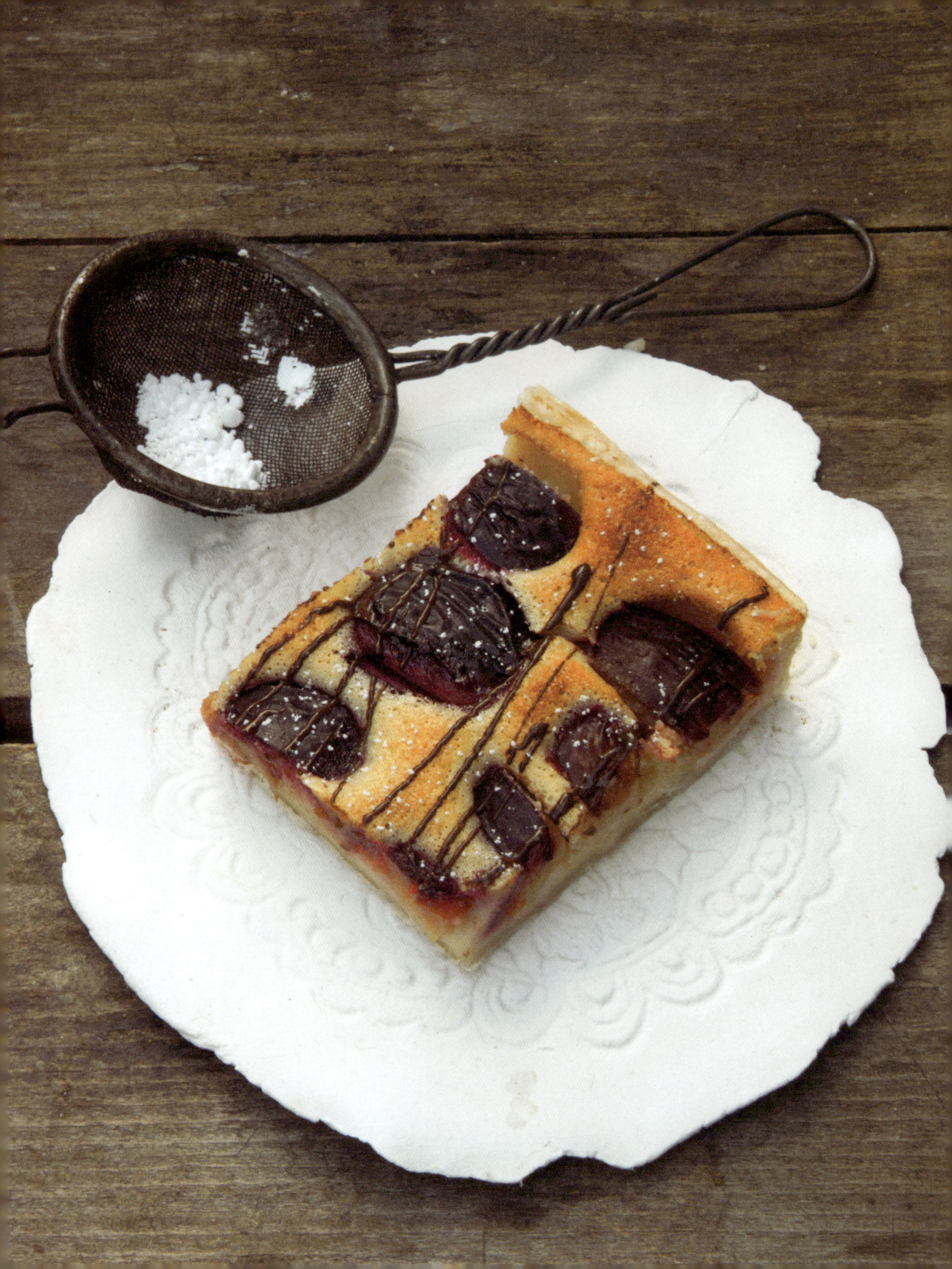

Tarte feuilletée aux prunes

Ingrédients pour
  1 plaque à pâtisserie
  (30 x 40 cm)

Préparation : 30 minutes
Réfrigération : 15 minutes
Cuisson : 35 minutes

Pâte
*500 g de pâte feuilletée surgelée
  (2 blocs de pâte crue à étaler)
un peu de farine, pour saupoudrer
un peu de beurre, pour graisser
  le moule*

Garniture
*350 g de prunes
250 g de crème fraîche
60 g de sucre
1 cuil. à café de sucre vanillé
1 pincée de cannelle
3 œufs
1 cuil. à soupe de maïzena
2 cuil. à soupe de chapelure
100 g de chocolat noir*

1 Préparer la pâte : faire décongeler la pâte feuilletée sur un plan de travail. Superposer les blocs de pâte, les saupoudrer de farine et les abaisser au rouleau à pâtisserie en un rectangle un peu plus grand que la plaque. Déposer la pâte sur la plaque beurrée en faisant un rebord et piquer plusieurs fois le fond avec une fourchette. Laisser reposer 15 minutes au réfrigérateur.

2 Pendant ce temps, préparer la garniture : laver les prunes, les couper en deux et les dénoyauter. Mélanger la crème fraîche, le sucre, le sucre vanillé, la cannelle, les œufs et la maïzena.

3 Saupoudrer la pâte de chapelure, puis la recouvrir du mélange à base de crème fraîche. Répartir les prunes sur le tout en pressant délicatement pour les enfoncer un peu dans la crème.

4 Faire cuire le gâteau pendant 35 minutes au four préchauffé à 190 °C (th. 6-7), jusqu'à ce qu'il soit bien doré. Sortir du four et laisser refroidir sur la plaque.

5 Faire fondre le chocolat dans une petite casserole, puis en arroser le gâteau à l'aide d'une fourchette. Couper en parts au moment de servir.

Conseil : suivant la saison, ce gâteau est tout aussi délicieux avec des pommes, des abricots ou des pêches.

Tarte feuilletée aux mirabelles

Ingrédients pour 1 plaque à pâtisserie ronde (Ø 24 cm)

Préparation : 30 minutes
Réfrigération : 15 minutes
Cuisson : 35 minutes

Pâte
*250 g de pâte feuilletée surgelée (1 bloc de pâte crue à étaler)
un peu de farine, pour saupoudrer
un peu de beurre, pour graisser le moule*

Garniture
*400 g de mirabelles
250 g de crème fraîche
100 g de sucre
1 cuil. à café de sucre vanillé
3 œufs
1 cuil. à soupe de maïzena
2 cuil. à soupe de chapelure
sucre glace, pour la décoration*

1 Préparer la pâte : faire décongeler la pâte feuilletée sur un plan de travail, puis la saupoudrer de farine et l'abaisser au rouleau à pâtisserie en un rectangle un peu plus grand que la plaque. Poser la pâte sur la plaque beurrée en faisant un rebord et piquer plusieurs fois le fond avec une fourchette. Laisser reposer 15 minutes au réfrigérateur.

2 Pendant ce temps, préparer la garniture : laver et dénoyauter les mirabelles. Mélanger la crème fraîche, le sucre, le sucre vanillé, les œufs et la maïzena.

3 Saupoudrer la pâte de chapelure, puis la recouvrir du mélange à base de crème fraîche. Répartir les mirabelles sur le tout en pressant délicatement pour les enfoncer un peu dans la crème.

4 Faire cuire le gâteau pendant 35 minutes au four préchauffé à 190 °C (th. 6-7), jusqu'à ce qu'il soit bien doré. Sortir du four et laisser refroidir sur la plaque. Transférer ensuite la tarte sur un plat de service et saupoudrer de sucre glace au moment de servir.

Conseil : suivant la saison, ce gâteau est tout aussi délicieux avec des pommes, des abricots ou des pêches.

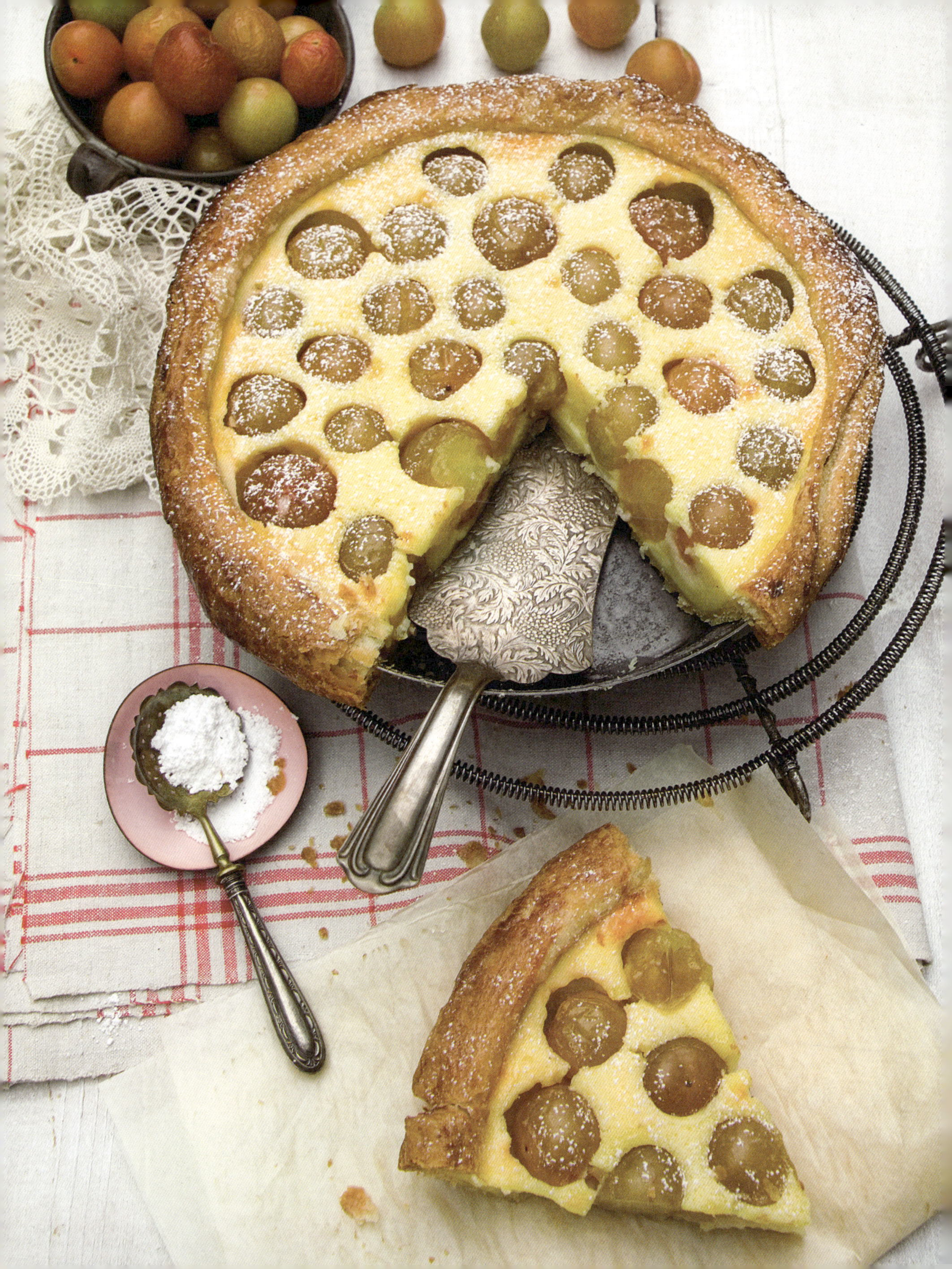

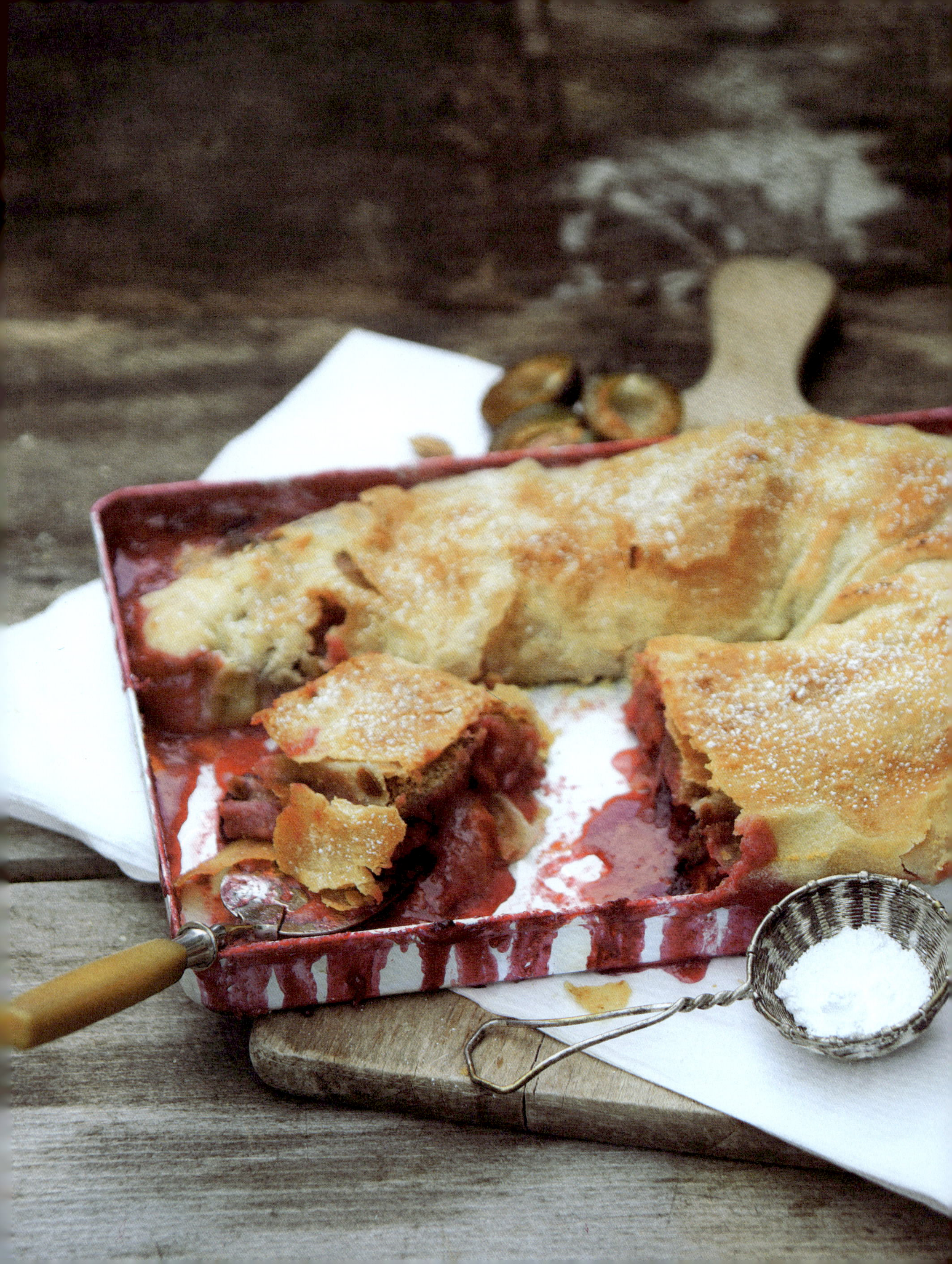

Strudel aux quetsches

Ingrédients pour
1 plaque à pâtisserie
(30 x 40 cm)

Préparation : 30 minutes
Pause : 30 minutes
Cuisson : 45 minutes

Pâte
130 ml d'eau
1 pincée de sel
*1 cuil. à soupe d'huile,
un peu plus pour graisser*
1 jaune d'œuf
250 g de farine
beurre fondu
eau-de-vie de fruits

Garniture
400 g de quetsches
180 g de beurre
100 g de chapelure
70 g d'amandes en poudre
150 g de sucre
1 pincée de cannelle
sucre glace, pour la décoration

1 Préparer la pâte : mélanger l'eau, le sel, l'huile et le jaune d'œuf dans un bol. Ajouter la farine et mélanger jusqu'à obtention d'une pâte homogène. Couvrir et laisser reposer 30 minutes.

2 Abaisser finement la pâte sur un torchon fariné à l'aide d'un rouleau à pâtisserie, puis la badigeonner d'huile. La napper ensuite d'un peu de beurre fondu et l'arroser d'eau-de-vie.

3 Préparer la garniture : laver et dénoyauter les quetsches, les couper en petites rondelles et les répartir sur la pâte. Faire fondre la moitié du beurre à la poêle et y faire dorer la chapelure. Ajouter les amandes en poudre, le sucre et la cannelle, mélanger et répartir le tout sur les quetsches.

4 Beurrer la plaque. Rouler le strudel en s'aidant du torchon et le déposer sur la plaque. Faire cuire le strudel pendant 45 minutes au four préchauffé à 180 °C (th. 6) en l'enduisant du beurre restant un peu avant la fin du temps de cuisson. Saupoudrer de sucre glace au moment de servir.

Gâteau breton aux mirabelles

Ingrédients pour
1 moule à tarte à bords hauts
(Ø 22 cm)

Préparation : 25 minutes
Cuisson : 45 minutes

250 g de mirabelles
3 œufs
75 g de sucre
1 pincée de sel
100 g de farine
120 g d'amandes en poudre
130 g de crème fraîche liquide
beurre, pour graisser le moule
sucre glace, pour la décoration

1 Laver et essuyer les mirabelles.

2 Battre les œufs avec le sucre et le sel à l'aide d'un batteur électrique jusqu'à ce que le mélange devienne mousseux. Incorporer progressivement la farine, puis les amandes en poudre et enfin la crème fraîche. Continuer à battre jusqu'à obtention d'une pâte lisse et fluide.

3 Beurrer généreusement le moule et y verser la pâte. Poser les mirabelles, queue vers le haut, sur la pâte.

4 Faire cuire le gâteau pendant 45 minutes au four préchauffé à 180 °C (th. 6). Laisser refroidir, démouler et saupoudrer de sucre glace au moment de servir.

Conseil : on peut remplacer les mirabelles par des prunes, des abricots ou des mûres. Légèrement acide, ce gâteau est délicieux avec de la crème fraîche additionnée sucre vanillé.

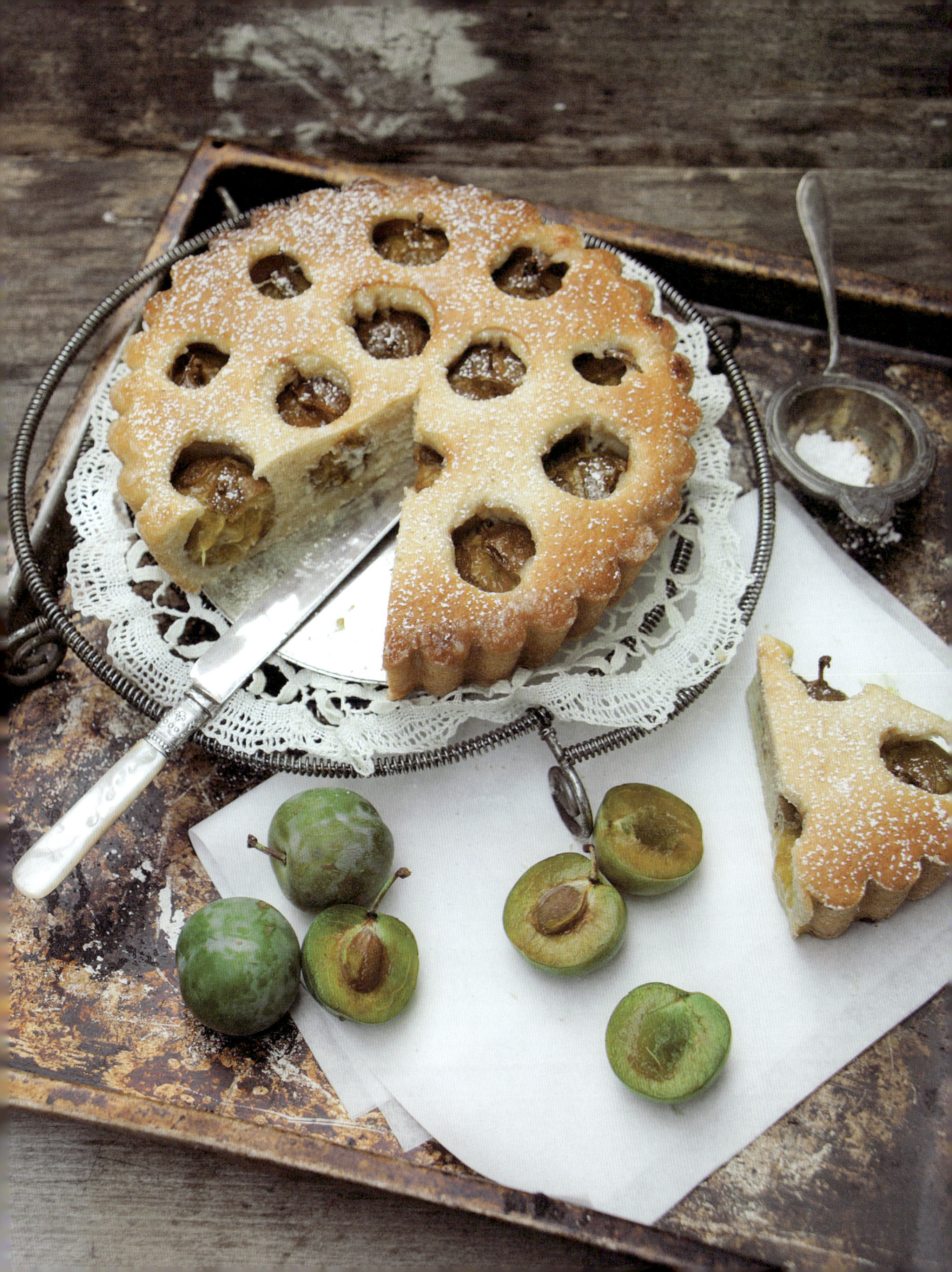

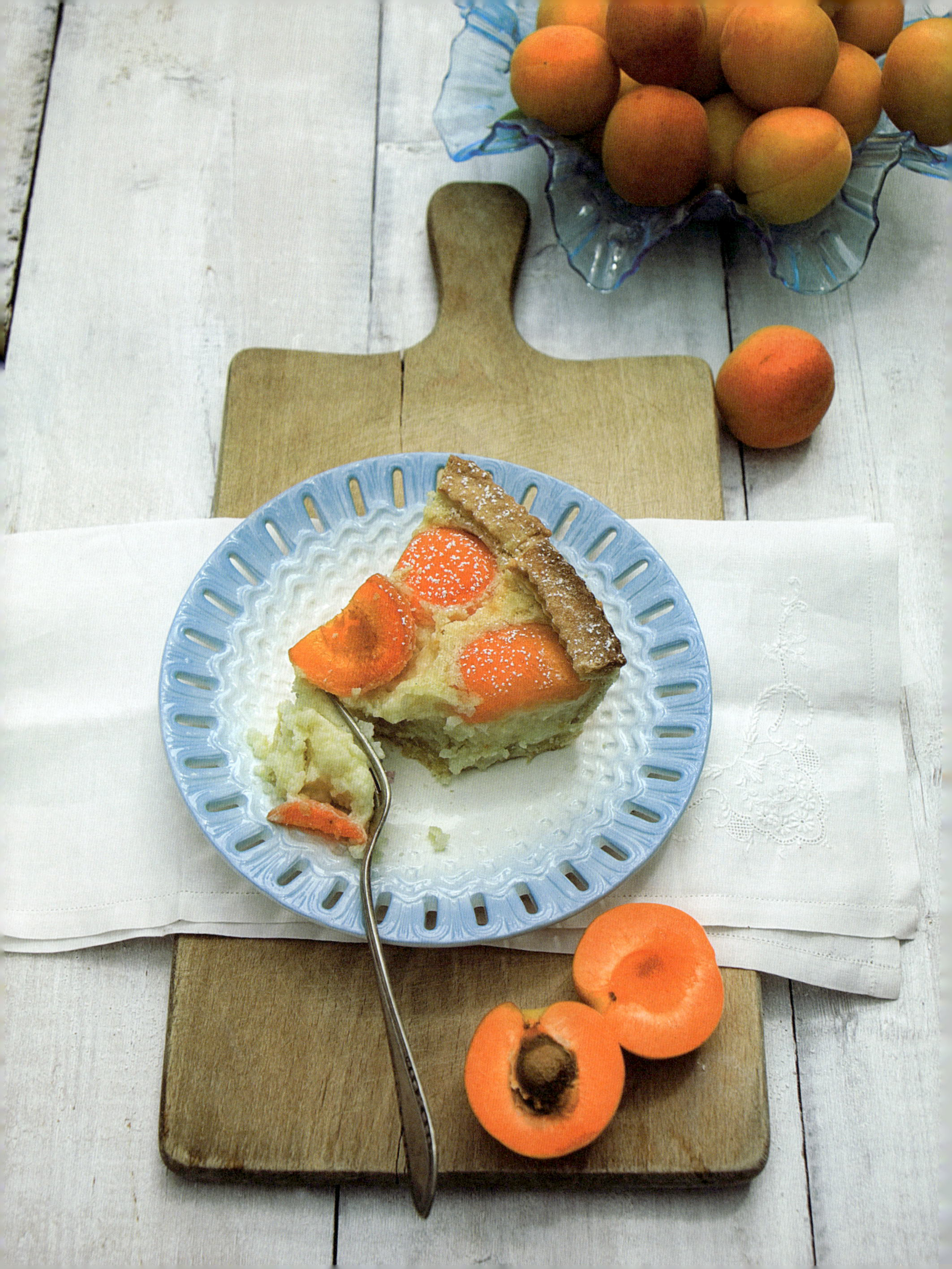

Gâteau de riz aux abricots

Ingrédients pour
1 moule à tarte (Ø 28 cm)

Préparation : 45 minutes
Réfrigération : 30 minutes
Cuisson : 50 à 60 minutes

Pâte
200 g de farine
1 pincée de sel
100 g de beurre, coupé en dés
1 œuf
60 g de sucre

Garniture
1 gousse de vanille
750 ml de lait
250 g de riz au lait
140 g de sucre
jus et zeste râpé d'un citron
1 bâton de cannelle
500 g d'abricots
2 œufs, blancs et jaunes séparés
1 pincée de sel
80 g de sucre
250 g de crème fraîche
sucre glace, pour la décoration

1 Préparer la pâte : mélanger la farine et le sel sur un plan de travail et creuser un puits au centre. Mettre le beurre dans le puits avec l'œuf et le sucre, et pétrir jusqu'à obtention d'une pâte lisse. Envelopper de film alimentaire et laisser reposer 30 minutes au réfrigérateur.

2 Préparer la garniture : fendre la gousse de vanille en deux et prélever les graines. Porter le lait à ébullition avec le riz au lait, le sucre, le zeste et le jus de citron, le bâton de cannelle, la gousse et les graines de vanille, puis laisser mijoter 20 minutes à feu doux en remuant de temps en temps. Transférer dans un bol, couvrir de film alimentaire et laisser tiédir.

3 Pétrir de nouveau la pâte sur un plan de travail fariné. Chemiser le moule de papier sulfurisé, puis le recouvrir avec la pâte. Piquer plusieurs fois le fond de pâte avec une fourchette.

4 Laver les abricots et les dénoyauter. Monter les blancs d'œufs en neige avec 2 cuillerées à soupe de sucre. Mélanger les jaunes d'œufs avec la crème fraîche et le reste du sucre. Retirer le bâton de cannelle et la gousse de vanille du riz au lait, puis incorporer les jaunes d'œufs sucrés et les blancs en neige.

5 Verser la moitié du riz au lait sur la pâte et lisser la surface. Recouvrir avec la moitié des abricots, ajouter le reste du riz au lait et terminer par le reste des abricots.

6 Faire cuire le gâteau 50 minutes à 1 heure au four préchauffé à 180 °C (th. 6), jusqu'à ce que le dessus soit bien doré. S'il brunit trop rapidement, couvrir de papier d'aluminium. Saupoudrer de sucre glace au moment de servir.

Gâteau aux abricots et aux myrtilles

Ingrédients pour
1 plaque à pâtisserie
(30 x 40 cm)

Préparation : 45 minutes
Cuisson : 40 minutes

Pâte
450 g de farine
200 g de sucre
50 g de sucre vanillé
200 g de beurre, un peu plus pour graisser

Garniture
150 g de beurre
125 g de sucre
2 cuil. à café de sucre vanillé
2 œufs
500 g de fromage blanc allégé
zeste râpé d'un citron
2 cuil. à soupe de jus de citron
1 sachet de préparation pour flan à la vanille
750 g d'abricots
300 g de myrtilles
sucre glace, pour la décoration
crème fouettée, en accompagnement

1 Préparer la pâte : mélanger la farine, le sucre, le sucre vanillé et le beurre dans un bol avec les mains jusqu'à obtention d'une pâte très sableuse. Beurrer la plaque. Répartir deux tiers de la pâte sur la plaque en pressant bien. Faire cuire 10 minutes environ au four préchauffé à 200 °C (th. 6-7).

2 Pendant ce temps, préparer la garniture : battre le beurre avec le sucre et le sucre vanillé au batteur électrique jusqu'à ce que le mélange devienne mousseux. Ajouter les œufs un par un sans cesser de battre jusqu'à ce que la préparation devienne crémeuse. Incorporer le fromage blanc, le zeste et le jus de citron ainsi que la préparation pour flan à la vanille. Étaler cette préparation sur le fond de pâte et lisser la surface.

3 Laver les abricots, les couper en deux et les dénoyauter. Trier, laver et égoutter les myrtilles. Répartir les fruits sur la crème en les alternant en lignes diagonales. Parsemer du reste de pâte.

4 Enfourner et laisser cuire 30 minutes au four à 180 °C (th. 6). Laisser refroidir puis couper en parts. Saupoudrer de sucre glace au moment de servir et accompagner éventuellement de crème fouettée.

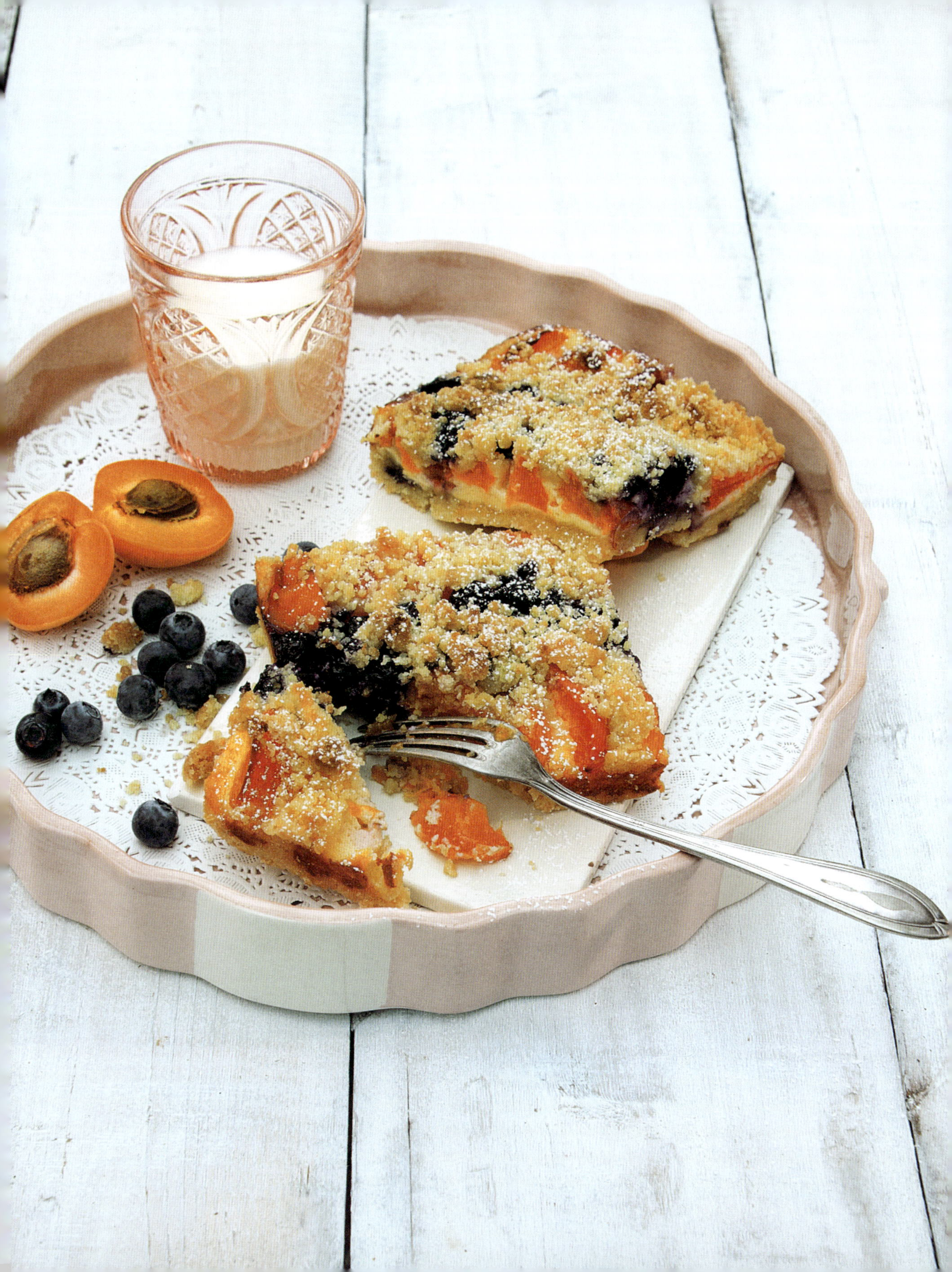

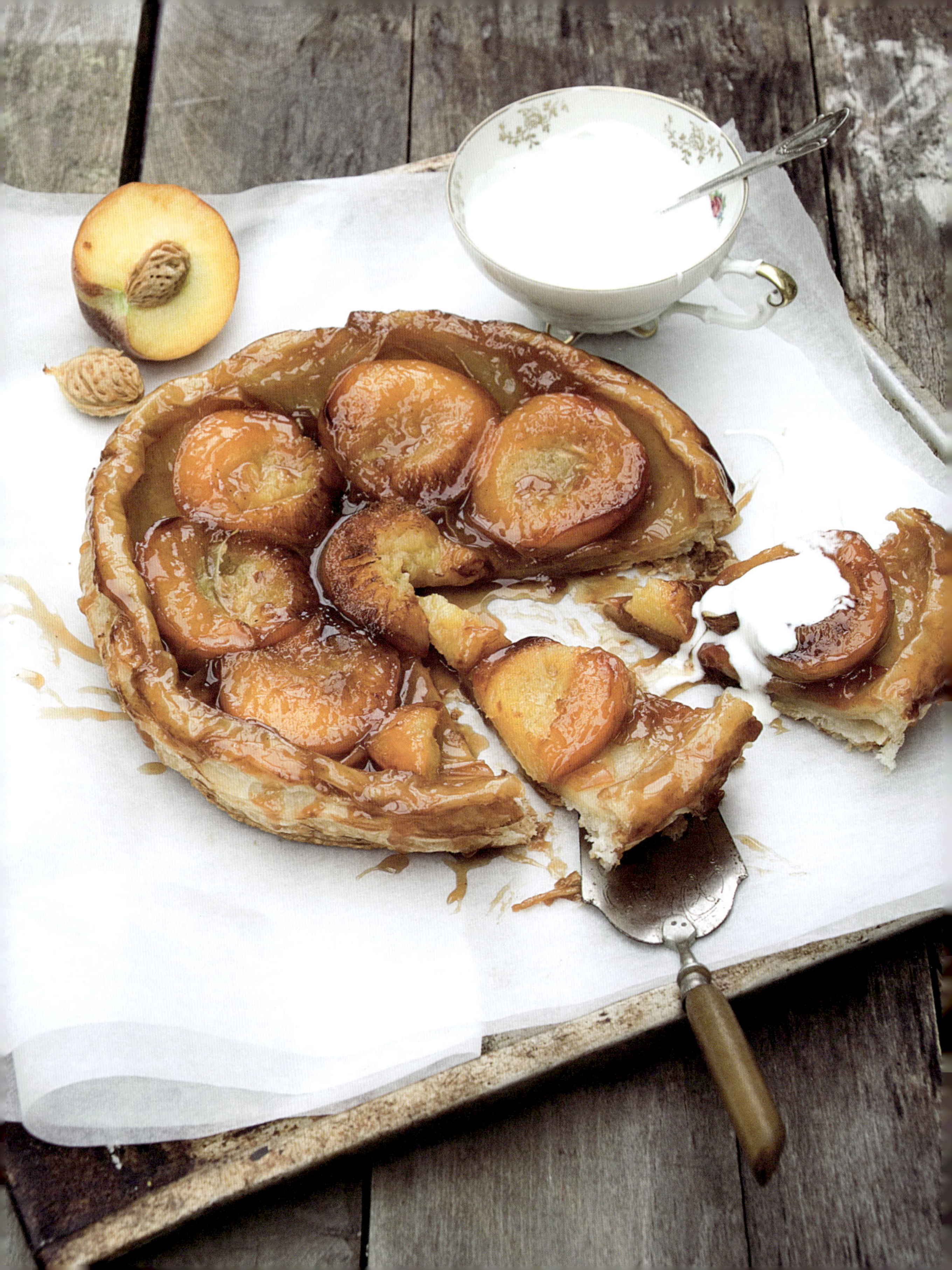

Tatin de pêches

Ingrédients pour
 1 poêle à revêtement antiadhésif allant au four (Ø 24 cm)

Préparation : 20 minutes
Cuisson : 15 minutes

1 kg de pêches
80 g de beurre ramolli
120 g de sucre
2 cuil. à café de sucre vanillé
500 g de pâte feuilletée prête à l'emploi
150 g de crème fraîche

1 Laver les pêches, les couper en deux et les dénoyauter.

2 Faire fondre le beurre. Répartir le sucre dans la poêle allant au four et ajouter les demi-pêches, côté coupé vers le bas, en cercle dans la poêle en les serrant bien. Arroser avec le beurre fondu et saupoudrer de sucre vanillé. Poser la poêle sur le feu et laisser caraméliser en faisant tourner les pêches dans la poêle.

3 Pendant ce temps, abaisser la pâte feuilletée au rouleau à pâtisserie en un disque de 3 cm d'épaisseur. Le diamètre du disque doit être un peu supérieur à celui de la poêle. Couvrir les pêches avec la pâte en faisant rentrer le bord sur les côtés de la poêle. Découper l'excédent de pâte si nécessaire.

4 Faire cuire la tarte pendant 15 minutes au four préchauffé à 220 °C (th. 7-8) sur la grille du milieu, jusqu'à ce que la pâte soit bien dorée. Si la pâte commence à brunir, la couvrir de papier d'aluminium.

5 Sortir la tarte du four et la démouler sur un plat de service. Servir chaud avec de la crème fraîche.

Tarte aux nectarines

Ingrédients pour
1 moule à manqué démontable à charnière (Ø 26 cm)

Préparation : 30 minutes
Cuisson : 1 h 05

3 nectarines
750 g de fromage blanc allégé
100 g de crème aigre
3 œufs
150 g de sucre
1 sachet de préparation pour flan à la vanille
100 ml d'huile de tournesol
100 ml de lait
50 g d'amandes en poudre
20 g de beurre
40 g de chapelure
sucre glace, pour la décoration

1 Laver, peler et dénoyauter les nectarines, puis les couper en fines lamelles.

2 Préparer la pâte : battre le fromage blanc avec la crème aigre, les œufs, le sucre, la préparation pour flan à la vanille, l'huile, le lait et les amandes en poudre dans un bol à l'aide d'un batteur électrique jusqu'à obtention d'une pâte lisse et crémeuse.

3 Beurrer le moule et le saupoudrer de chapelure. Verser la pâte dans le moule et répartir les lamelles de nectarine en cercles sur la pâte. Faire cuire le gâteau 1 h 05 au four préchauffé à 170 °C (th. 5-6).

4 Laisser refroidir le gâteau dans le moule, le démouler délicatement sur un plat de service et le saupoudrer de sucre glace au moment de servir.

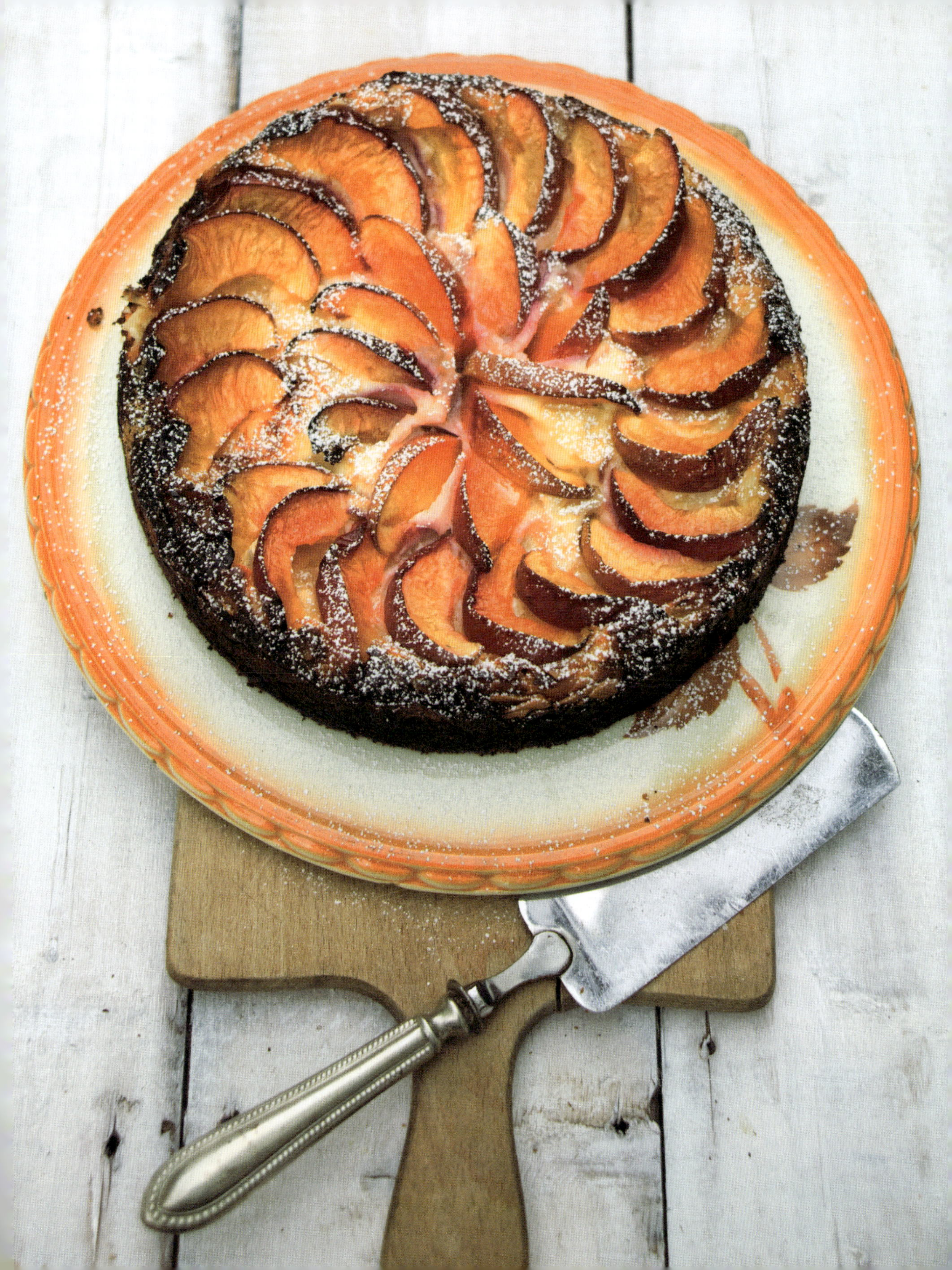

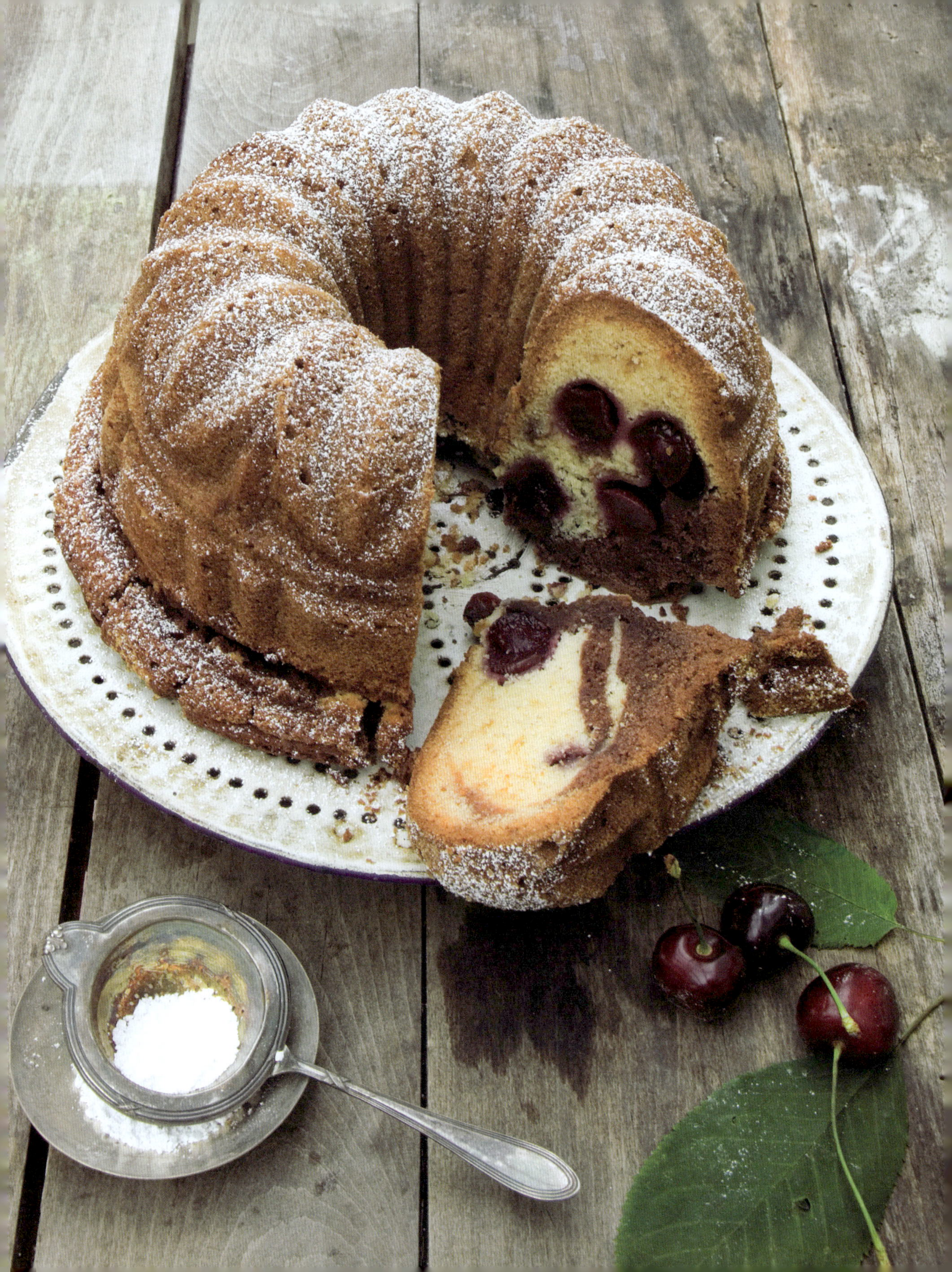

Kouglof marbré aux cerises

Ingrédients pour
1 moule à kouglof (Ø 26 cm)

Préparation : 30 minutes
Cuisson : 1 heure

*250 g de beurre ramolli,
un peu plus pour graisser*
250 g de sucre
2 cuil. à café de sucre vanillé
4 œufs
500 g de farine
1 sachet de levure chimique
½ cuil. à café de sel
100 ml de lait
2 cuil. à soupe de chapelure
300 g de cerises
30 g de cacao en poudre
*1 cuil. à soupe de sucre glace,
pour la décoration*

1 Battre le beurre dans un bol jusqu'à ce qu'il devienne crémeux, puis ajouter progressivement le sucre et le sucre vanillé sans cesser de battre. Incorporer les œufs un par un et continuer de battre jusqu'à ce que la préparation soit bien lisse.

2 Mélanger la farine, la levure chimique et le sel. Incorporer ce mélange à la préparation précédente en alternant avec le lait. Continuer de battre jusqu'à obtention d'une pâte lisse et fluide.

3 Beurrer le moule et le saupoudrer de chapelure. Verser la moitié de la pâte dans le moule. Laver les cerises et en répartir la moitié sur la pâte en les enfonçant un peu. Incorporer le cacao au reste de la pâte.

4 Verser la pâte au cacao dans le moule. Répartir le reste des cerises sur la pâte. Mélanger un peu les deux couches de pâte avec le manche d'une cuillère en bois pour obtenir un effet marbré.

5 Faire cuire le kouglof 1 heure environ au four préchauffé à 180 °C (th. 6). Le laisser un peu refroidir dans le moule puis le démouler sur une grille à pâtisserie. Saupoudrer de sucre glace avant de servir.

Clafoutis aux griottes

Ingrédients pour
 1 poêle à revêtement antiadhésif allant au four (Ø 28 cm)

Préparation : 45 minutes
Pause : 30 minutes
Cuisson : 20 minutes

2 œufs
60 g de sucre
1 cuil. à soupe de sucre vanillé
100 g de farine
200 ml de lait
1 pincée de sel
1 pointe de couteau de zeste de citron râpé
250 g de griottes
2 cuil. à soupe d'huile végétale
sucre glace, pour la décoration

1 Séparer les blancs des jaunes d'œufs. Battre les jaunes d'œufs avec le sucre et le sucre vanillé jusqu'à ce que le mélange devienne mousseux. Incorporer la farine, le lait, le sel et le zeste de citron et mélanger jusqu'à obtention d'une pâte homogène. Laisser reposer 30 minutes.

2 Laver les griottes et les égoutter dans une passoire.

3 Monter les blancs d'œufs en neige et les incorporer à la préparation précédente.

4 Faire chauffer l'huile végétale dans la poêle allant au four. Verser la pâte dans la poêle et laisser cuire 5 minutes à feu doux jusqu'à ce que le dessous de la pâte soit légèrement doré. Répartir les griottes sur la pâte encore un peu crue.

5 Faire cuire le clafoutis pendant 15 minutes au four préchauffé à 180 °C (th. 6). Faire glisser le clafoutis cuit sur un plat à tarte et le saupoudrer de sucre glace lorsqu'il est encore chaud.

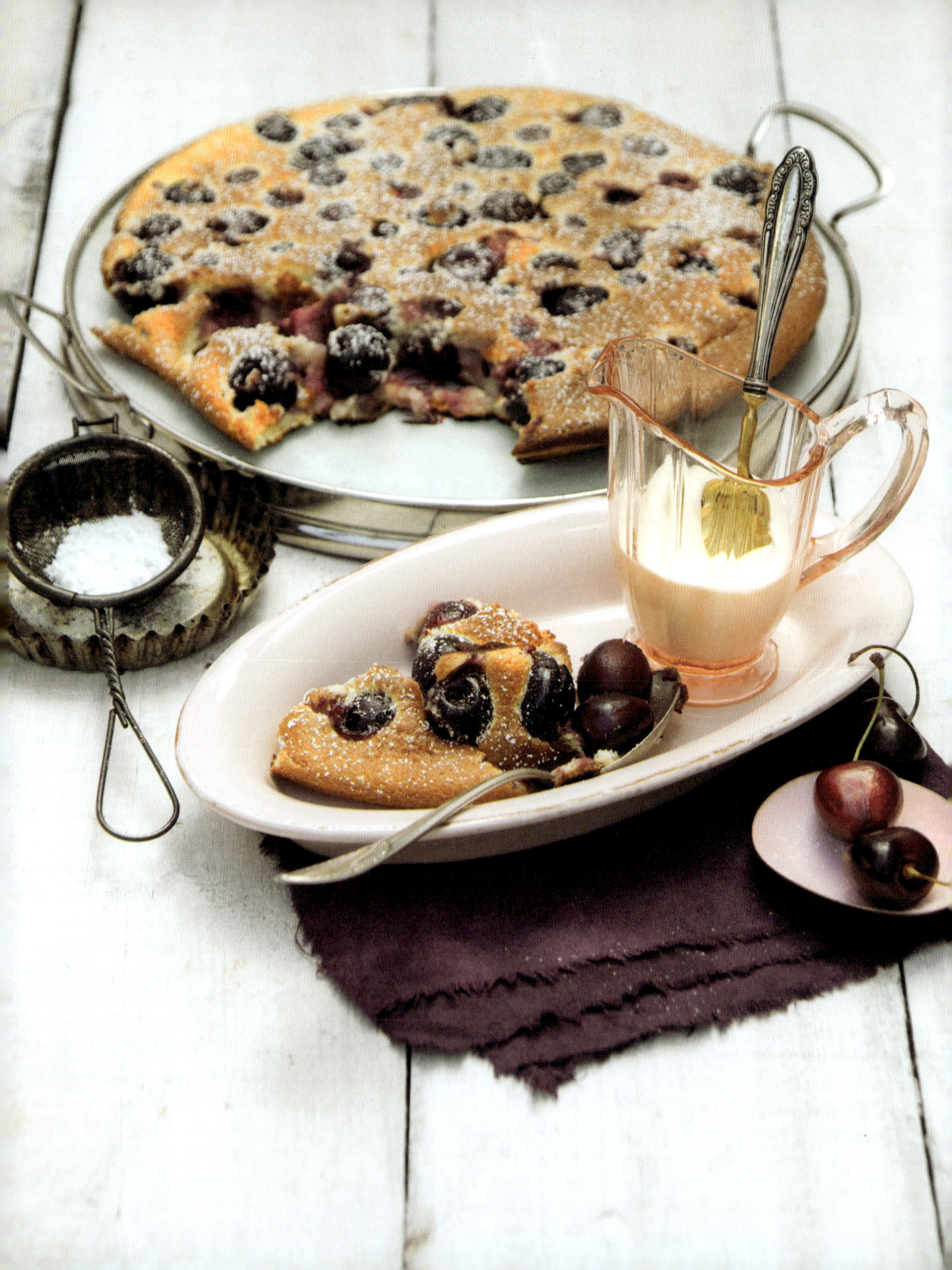

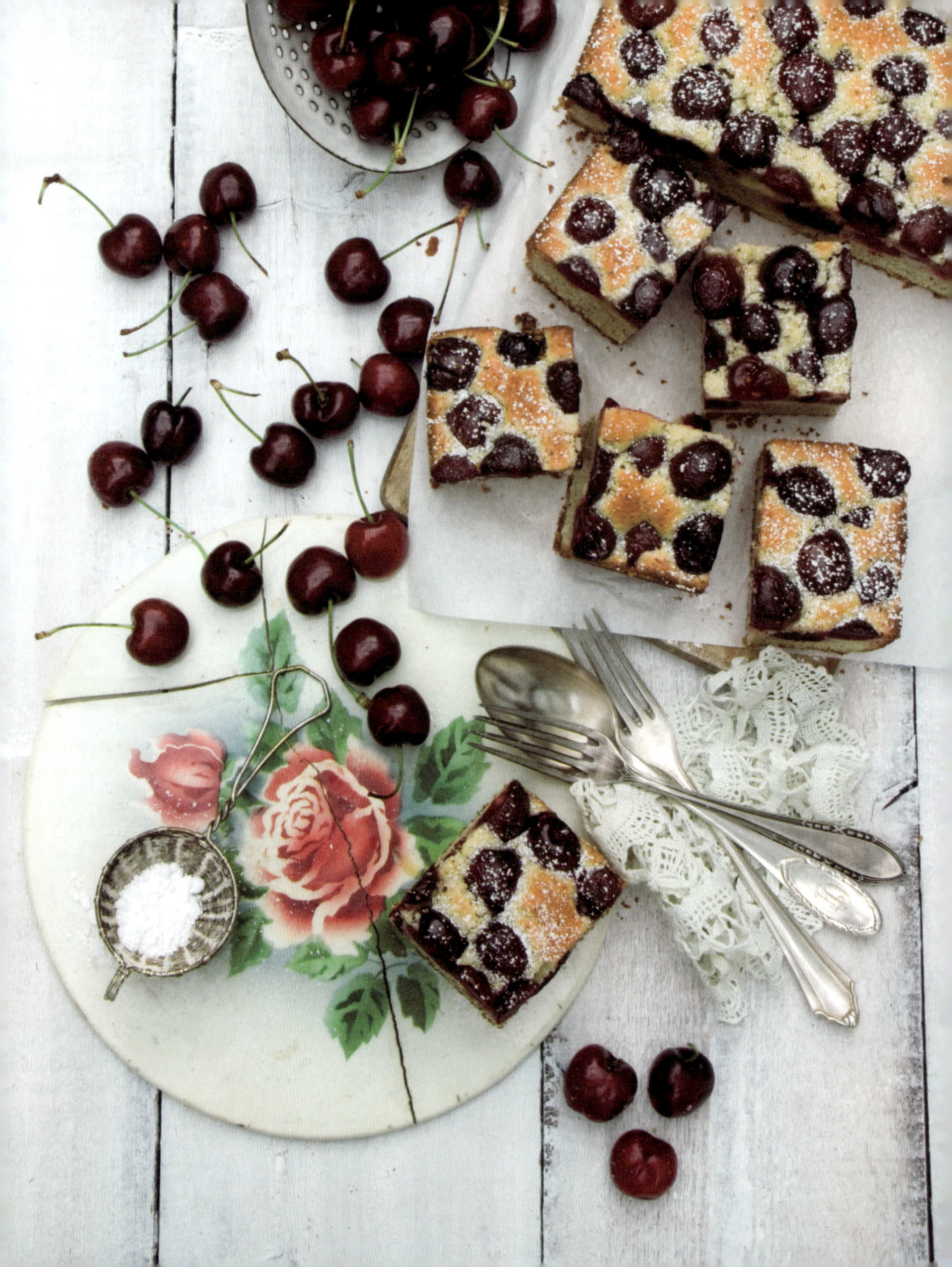

Gâteau aux cerises de Mamie

Ingrédients pour
1 petite plaque à pâtisserie
à bords hauts (20 x 30 cm)

Préparation : 25 minutes
Cuisson : 50 minutes

500 g de cerises
150 g de beurre ramolli,
  un peu plus pour graisser
150 g de sucre
4 œufs
70 g d'amandes en poudre
150 g de maïzena
½ cuil. à café de levure chimique
chapelure
sucre glace, pour la décoration

1 Laver, sécher et dénoyauter les cerises.

2 Battre le beurre en crème avec le sucre dans un robot de cuisine jusqu'à ce que le mélange devienne mousseux. Séparer les blancs des jaunes d'œufs. Incorporer les jaunes d'œufs dans le robot de cuisine. Monter les blancs d'œufs en neige. Incorporer les amandes en poudre, la farine et la levure chimique dans le robot de cuisine, puis ajouter délicatement les blancs en neige.

3 Beurrer la plaque et la saupoudrer de chapelure. Verser la pâte sur la plaque et répartir les cerises dessus.

4 Faire cuire le gâteau pendant 50 minutes au four préchauffé à 180 °C (th. 6) sur la grille du bas. À la fin du temps de cuisson, éteindre le four et laisser reposer le gâteau encore 10 minutes à l'intérieur.

5 Saupoudrer le gâteau froid de sucre glace au moment de servir.

Au fil des saisons

Gâteau aux pommes et au cidre

Ingrédients pour
1 plaque à pâtisserie ronde
(Ø 26 cm)

Préparation : 45 minutes
Cuisson : 35 minutes

Pâte
*300 g de farine, un peu plus
  pour saupoudrer*
1 cuil. à café de levure chimique
*100 g de beurre, un peu plus
  pour graisser*
150 g de fromage blanc allégé
100 ml de lait
80 g de sucre
1 cuil. à café de sucre vanillé
1 pincée de sel

Garniture
2 œufs
*1 sachet de préparation
  pour flan à la vanille*
350 ml de lait
100 g de sucre
150 ml de cidre
1 pincée de sel
750 g de pommes
zeste d'un demi-citron

1 Préparer la pâte : mélanger la farine et la levure chimique. Faire fondre le beurre dans une casserole. Mélanger la farine et la levure, le fromage blanc, le lait, le beurre fondu, le sucre, le sucre vanillé et le sel dans un robot de cuisine jusqu'à obtention d'une pâte lisse. Beurrer la plaque. Abaisser la pâte sur un plan de travail fariné en un disque de la taille de la plaque, puis transférer la pâte sur la plaque en façonnant une bordure de 2 cm de hauteur.

2 Préparer la garniture : séparer les blancs des jaunes d'œufs. Mélanger la préparation pour flan à la vanille avec les jaunes d'œufs et 4 cuillerées à soupe de lait. Porter le reste du lait à ébullition avec 80 g de sucre. Ajouter le mélange à base de jaunes d'œufs dans le lait chaud et ramener à ébullition sans cesser de remuer. Ajouter le cidre et porter de nouveau à ébullition. Verser la préparation dans un bol, couvrir de film alimentaire et laisser tiédir au réfrigérateur.

3 Monter les blancs d'œufs en neige avec le sel et y incorporer la crème tiède. Étaler la préparation sur la pâte et lisser la surface.

4 Peler et évider les pommes. Les couper en quatre puis en lamelles. Mélanger les lamelles de pomme avec le reste du sucre et le jus de citron. Répartir les lamelles de pomme en éventail sur la crème.

5 Faire cuire le gâteau pendant 35 minutes au four préchauffé à 180 °C (th. 6), jusqu'à ce qu'il soit bien doré. Laisser refroidir avant de servir.

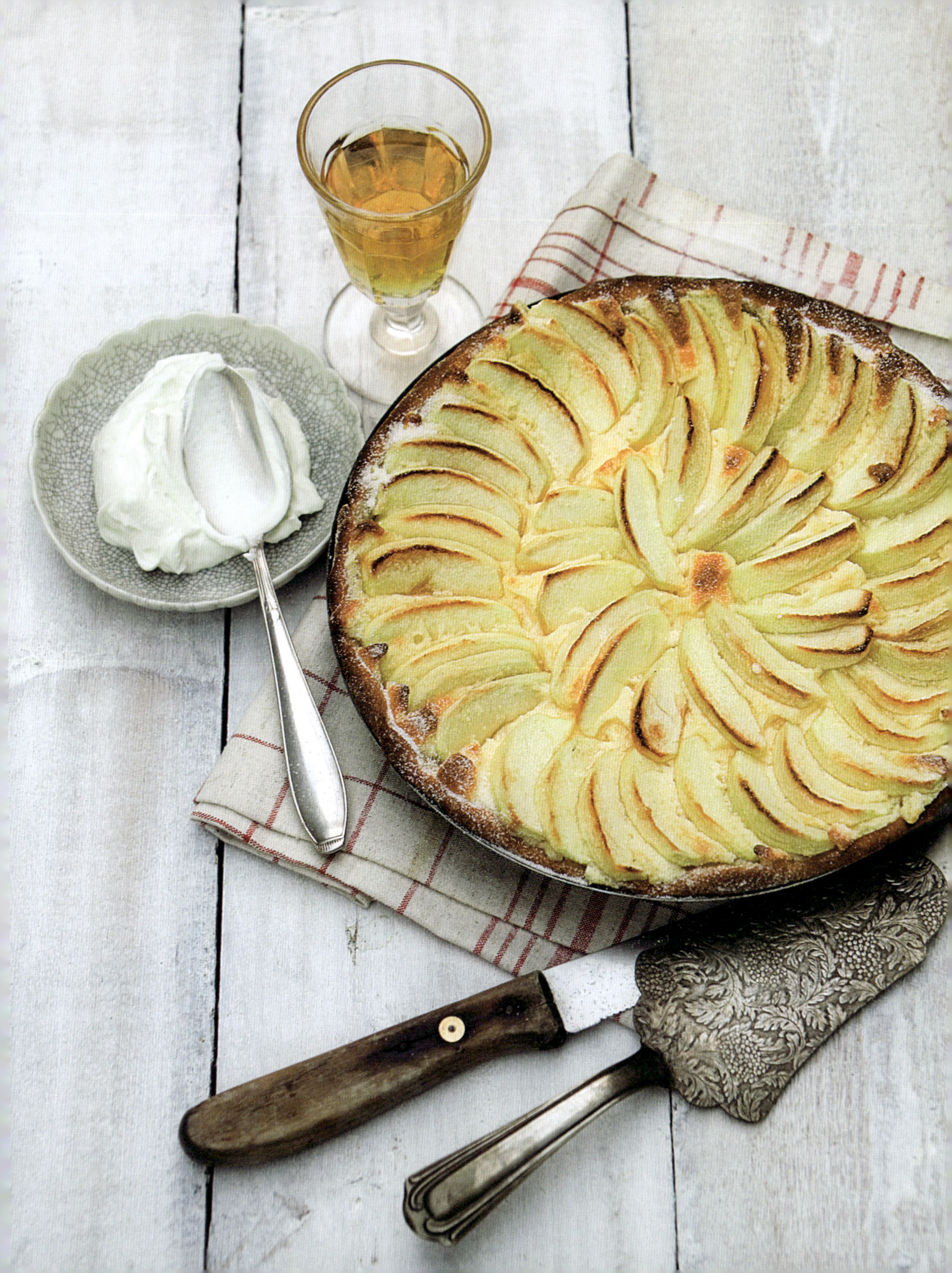

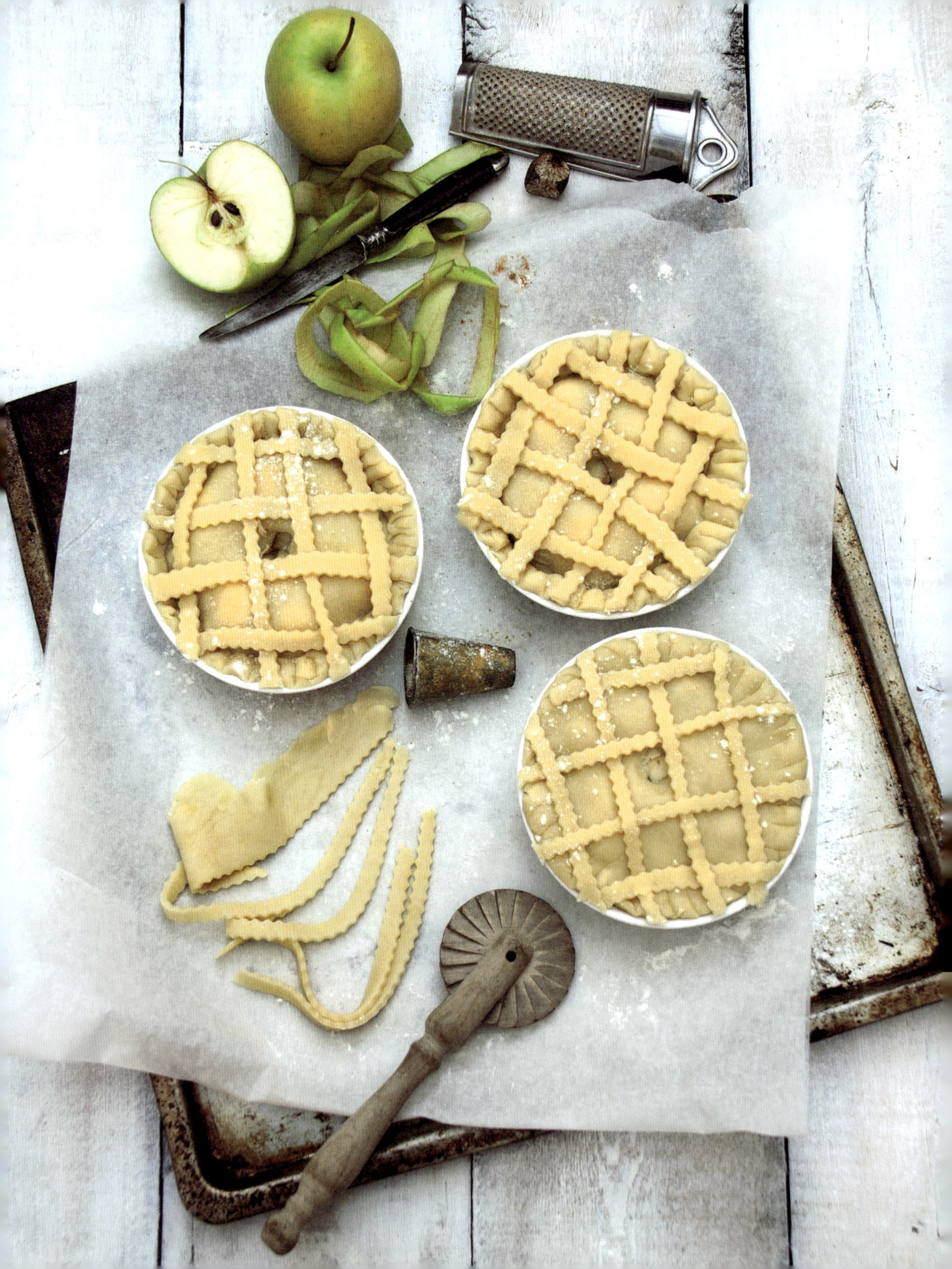

Apple pies à l'américaine

Ingrédients pour
  4 moules à tartelette (Ø 10 cm)

Préparation : 1 h 30
Réfrigération : 30 minutes
Cuisson : 45 à 50 minutes

170 g de beurre froid, un peu plus pour graisser
300 g de farine, un peu plus pour saupoudrer
1 pincée de sel
1 kg de pommes
150 g de sucre
1 pincée de noix muscade
½ cuil. à café de cannelle
zeste râpé d'un citron
1 jaune d'œuf
50 g de crème fraîche liquide

1 Préparer la pâte : couper 130 g de beurre en morceaux. Mélanger 280 g de farine, le sel et les morceaux de beurre dans un robot de cuisine de façon à obtenir une pâte sableuse. Incorporer quelques cuillerées à soupe d'eau glacée progressivement sans cesser de mélanger jusqu'à ce que la pâte forme une boule. Envelopper la pâte de film alimentaire et laisser reposer 30 minutes au réfrigérateur.

2 Préparer la garniture : peler et évider les pommes, puis les couper en rondelles. Mélanger les rondelles de pomme avec le sucre, la noix muscade, la cannelle, le zeste de citron et le reste de la farine.

3 Beurrer les moules à tartelette. Abaisser deux tiers de la pâte sur un plan de travail fariné sur une épaisseur de 3 mm. Garnir les moules de pâte et piquer plusieurs fois le fond avec une fourchette. Répartir les pommes sur la pâte et parsemer du reste du beurre coupé en dés.

4 Abaisser un tiers du reste de la pâte et la couper en petites bandes. Abaisser finement le reste de la pâte et y découper 4 disques. Poser les disques de pâte sur les pommes en soudant bien les bords. Percer quelques trous sur le dessus des tartelettes. Disposer les bandelettes de pâte sur les tartelettes en formant un quadrillage. Mélanger le jaune d'œuf et la crème, et en enduire les tartelettes.

5 Faire cuire les apple pies de 45 à 50 minutes au four préchauffé à 200 °C (th. 6-7). Les servir de préférence tièdes, éventuellement avec de la glace à la vanille, ou froids.

Gâteau aux amandes et aux pommes à la cannelle

Ingrédients pour
  1 moule à manqué démontable à charnière (Ø 24 cm)

Préparation : 45 minutes
Cuisson : 45 minutes

Pâte
400 g de farine, un peu plus pour saupoudrer
2 cuil. à café de levure chimique
250 g de beurre, un peu plus pour graisser
125 g de sucre
4 œufs
1 pincée de sel
100 ml de lait

Garniture
1 kg de pommes rouges
jus d'un demi-citron
½ cuil. à café de cannelle
50 g de sucre
80 g d'amandes effilées
sucre glace, pour la décoration

1 Préparer la pâte : mélanger la farine et la levure chimique. Battre le beurre dans un robot de cuisine jusqu'à ce qu'il devienne mousseux, puis incorporer progressivement le sucre, les œufs, le sel et le mélange à base de farine.

2 Verser progressivement le lait en laissant le moteur tourner jusqu'à obtention d'une pâte lisse. Beurrer et fariner le moule. Verser la pâte dans le moule et lisser la surface avec une spatule.

3 Préparer la garniture : peler les pommes, les couper en quatre et les évider. Couper les quartiers de pomme en fines lamelles et les arroser de jus de citron. Saupoudrer les lamelles de pomme de cannelle et mélanger avec le sucre et les amandes effilées.

4 Répartir les pommes sur la pâte. Faire cuire le gâteau pendant 45 minutes au four préchauffé à 180 °C (th. 6). Sortir du four, laisser refroidir et saupoudrer de sucre glace au moment de servir.

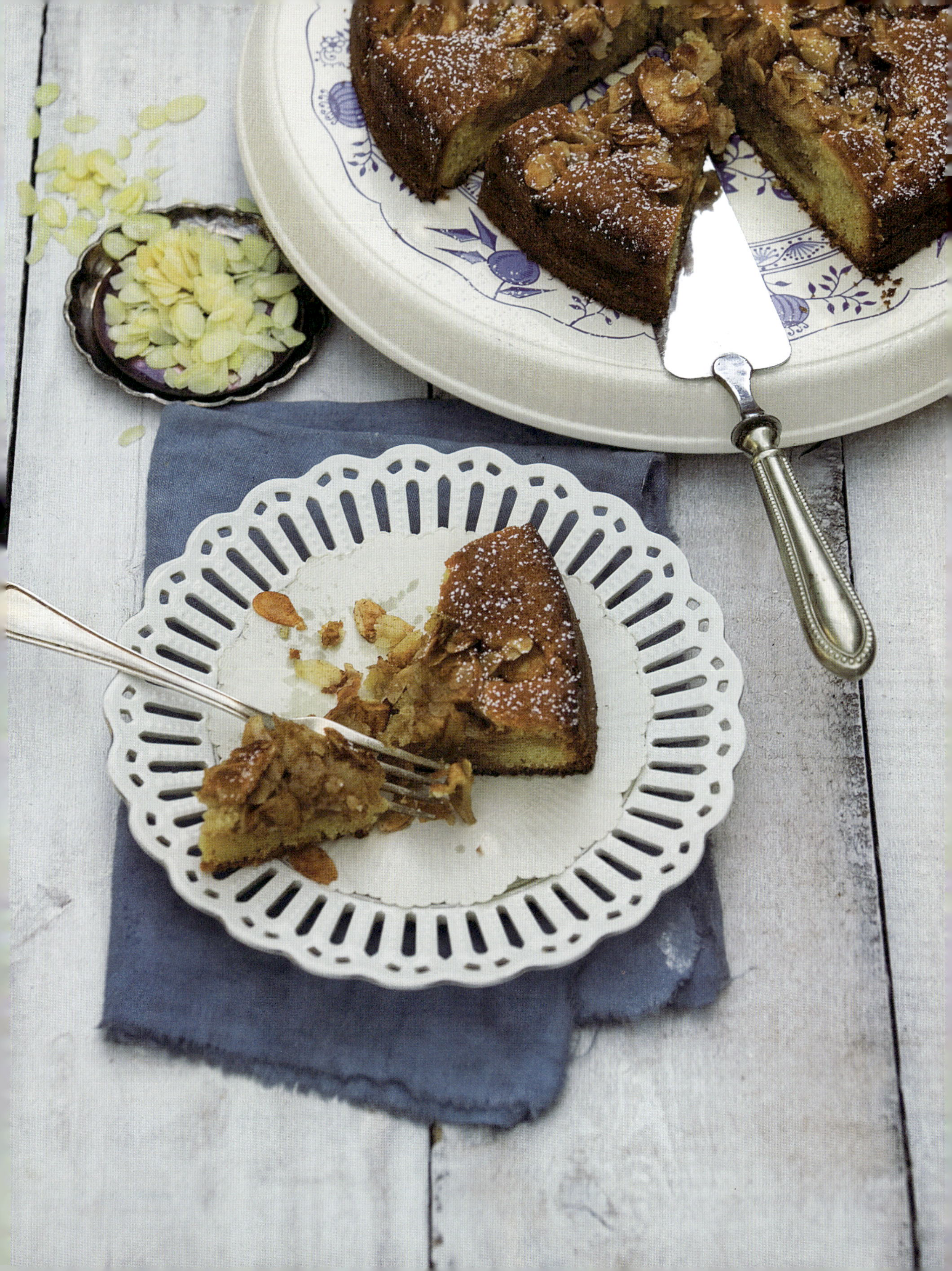

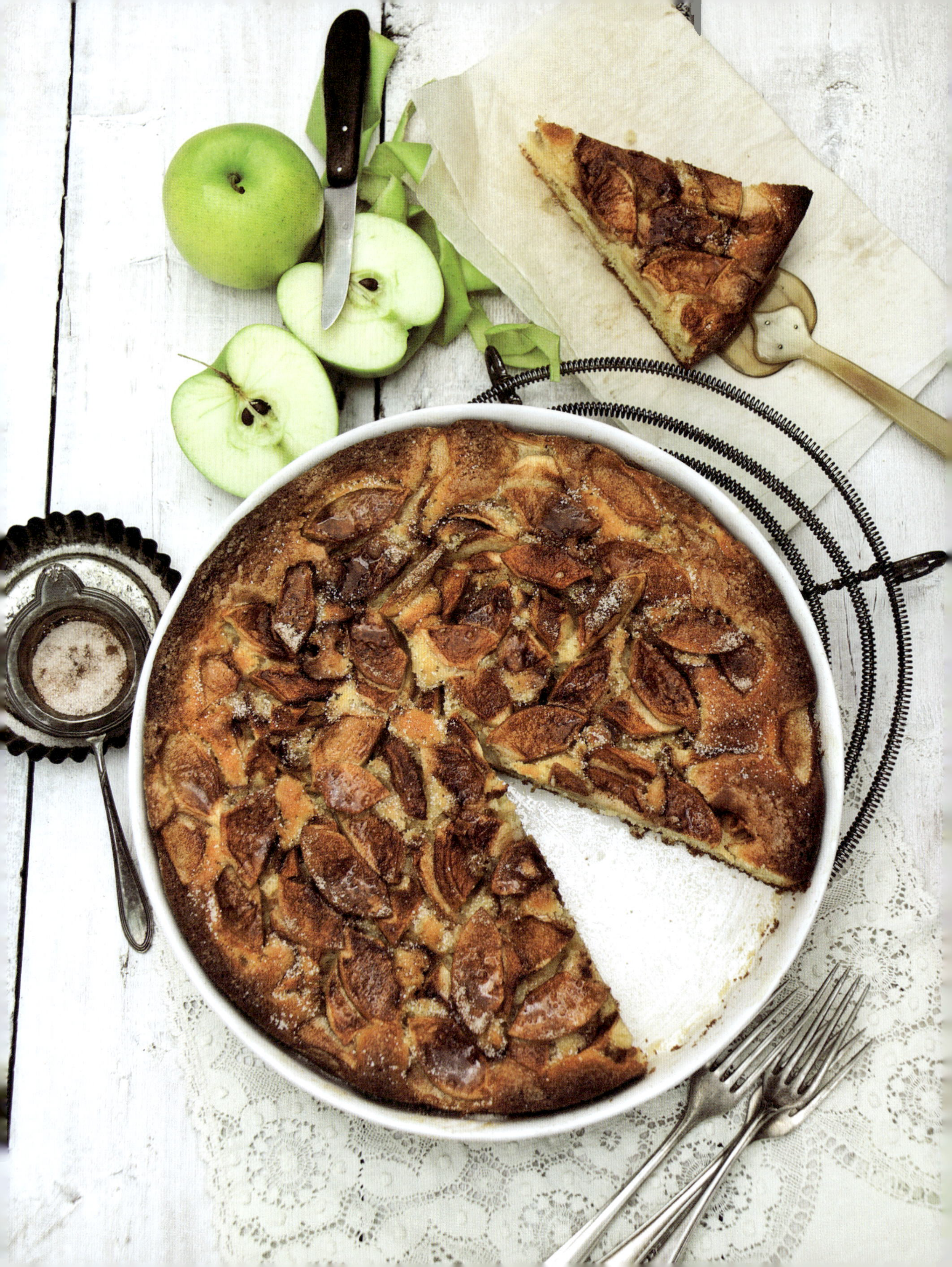

Gâteau pomme-cannelle

Ingrédients pour
1 moule à tarte (Ø 28 cm)

Préparation : 45 minutes
Cuisson : 30 minutes

Pâte
150 g de farine
75 g de maïzena
2 cuil. à café de levure chimique
*150 g de beurre ramolli,
un peu plus pour graisser*
125 g de sucre
1 cuil. à café de sucre glace
4 œufs

Garniture
750 g de pommes
40 g de sucre
1 cuil. à café de cannelle

1 Préparer la pâte : mélanger la farine, la maïzena et la levure chimique. Battre le beurre en crème à l'aide d'un batteur électrique jusqu'à ce qu'il devienne mousseux. Incorporer progressivement le sucre, le sucre glace et les œufs. Ajouter ensuite le mélange à base de farine en deux fois.

2 Beurrer le moule. Verser la pâte dans le moule et lisser la surface.

3 Préparer la garniture : laver, peler et évider les pommes, puis les couper en fines lamelles. Mélanger les pommes avec le sucre et la cannelle, et les répartir uniformément les pommes sur la pâte.

4 Faire cuire le gâteau 30 minutes au four préchauffé à 180 °C (th. 6) jusqu'à ce que le dessus soit légèrement doré. Laisser refroidir dans le moule, puis couper en parts au moment de servir.

Tarte crémeuse au raisin

Ingrédients pour
1 moule à tarte (Ø 26 cm)

Préparation : 40 minutes
Cuisson : 50 minutes

Pâte
*270 g de farine, un peu plus
  pour saupoudrer*
1 cuil. à café de levure chimique
150 g de fromage blanc allégé
80 ml de lait
80 ml d'huile végétale
80 g de sucre
1 cuil. à café de sucre vanillé
1 pincée de sel
beurre, pour graisser le moule

Garniture
250 g de crème fraîche épaisse
2 jaunes d'œufs
400 ml de lait
*1 sachet de préparation
  pour flan à la vanille*
1 cuil. à café de sucre vanillé
60 g de sucre
350 g de raisin noir et blanc

1 Préparer la pâte : mélanger la farine et la levure chimique. Pétrir ce mélange avec le fromage blanc, le lait, l'huile, le sucre, le sucre vanillé et le sel dans un robot de cuisine équipé d'un crochet pétrisseur jusqu'à obtention d'une pâte homogène.

2 Beurrer le moule. Abaisser la pâte sur un plan de travail fariné et en garnir le moule en recouvrant les bords.

3 Préparer la garniture : mélanger la crème et les jaunes d'œufs. Délayer la préparation pour flan à la vanille avec 100 ml de lait. Porter le reste du lait à ébullition avec le sucre vanillé et le sucre, puis ajouter la préparation pour flan délayée et ramener à ébullition. Retirer du feu et incorporer au mélange de crème et de jaunes d'œufs. Laisser tiédir.

4 Étaler la crème sur la pâte. Répartir les grains de raisin sur la pâte.

5 Faire cuire le gâteau pendant 50 minutes au four préchauffé à 180 °C (th. 6). Couvrir de papier aluminium après 30 minutes de cuisson. Laisser complètement refroidir avant de servir.

Conseil : préparer un nappage en portant à ébullition 250 ml de jus de raisin blanc et 30 g de sucre. Faire ramollir 3 feuilles de gélatine dans de l'eau froide, les essorer et les faire fondre dans le jus de raisin chaud. Laisser refroidir jusqu'à ce que le nappage commence juste à prendre, puis verser sur le gâteau et laisser prendre complètement.

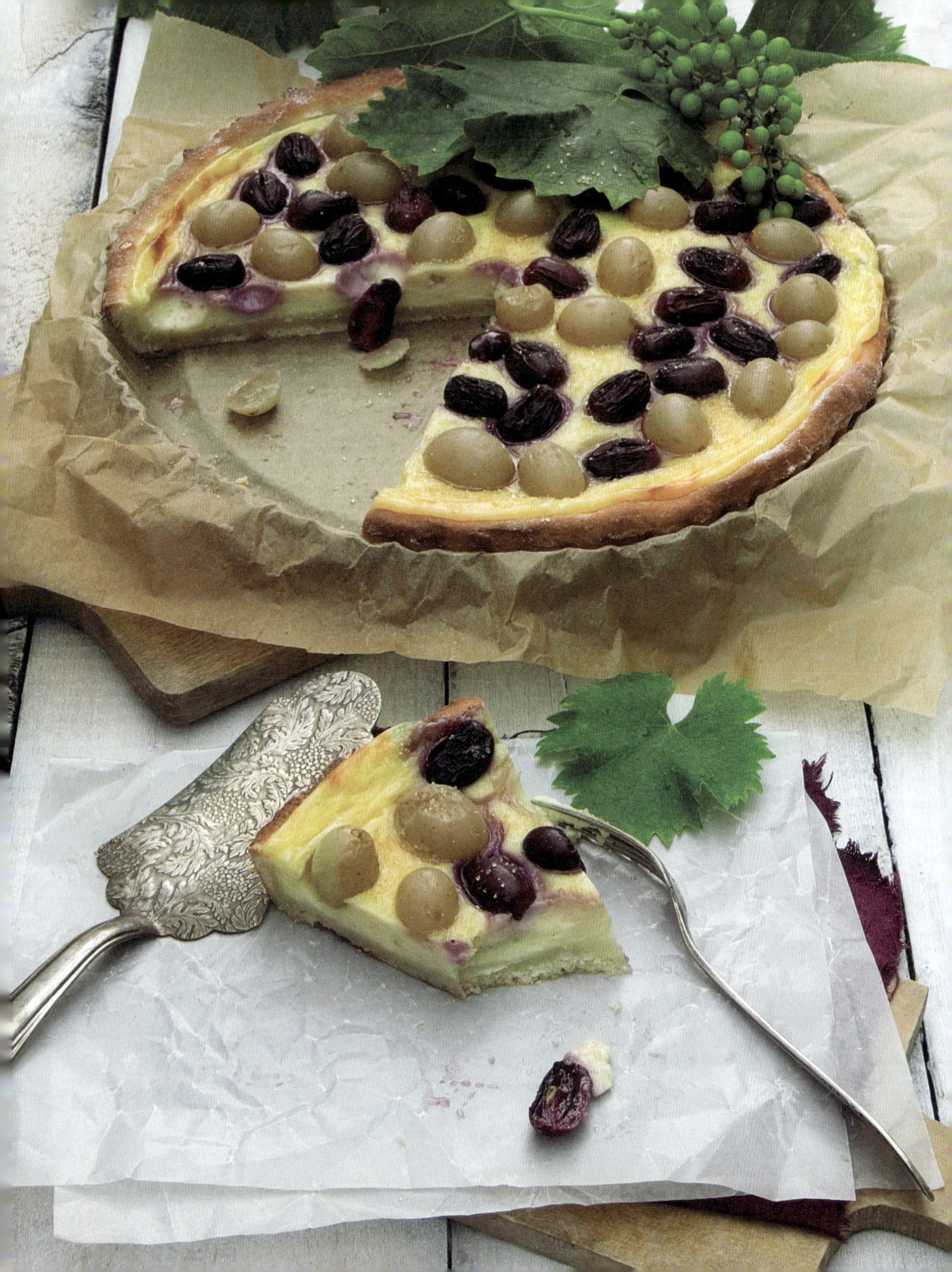

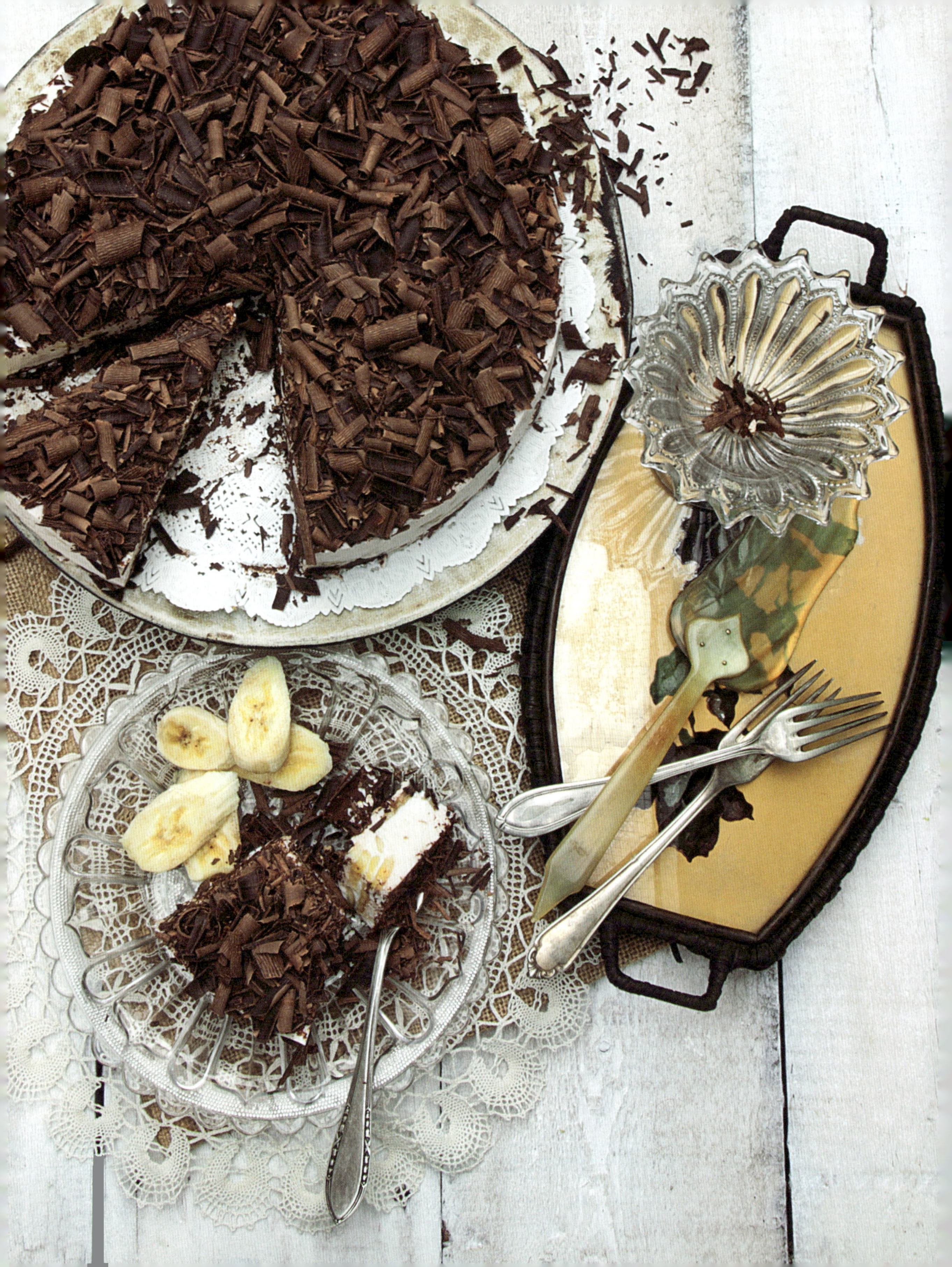

Tarte choco-banane

Ingrédients pour
  1 moule à manqué démontable
  à charnière (Ø 28 cm)

Préparation : 55 minutes
Réfrigération : 3 heures

Base
150 g de chocolat noir
20 g de beurre
150 g de riz soufflé au chocolat

Garniture
600 g de fromage blanc allégé
100 g de sucre
1 cuil. à café de sucre vanillé
zeste râpé d'un citron
3 bananes bien mûres,
  soit environ 350 g
2 cuil. à soupe de jus de citron
10 feuilles de gélatine
200 g de crème fraîche liquide
250 g de chocolat noir,
  pour la décoration

1 Préparer la base : couper le chocolat en morceaux et le faire fondre avec le beurre au bain-marie sans cesser de remuer. Hacher finement le riz soufflé au chocolat dans un robot de cuisine et les incorporer au chocolat fondu.

2 Chemiser le moule de papier sulfurisé. Verser la préparation au chocolat dans le moule et presser avec une cuillère. Laisser reposer 1 heure au réfrigérateur.

3 Préparer la garniture : mélanger le fromage blanc, le sucre, le sucre vanillé et le zeste de citron dans un bol. Peler les bananes, les couper en fines rondelles et les arroser de jus de citron. Faire ramollir les feuilles de gélatine pendant 10 minutes dans de l'eau froide, les essorer et les faire fondre à feu moyen dans un peu d'eau sans cesser de remuer. Incorporer les bananes et la gélatine au mélange à base de fromage blanc.

4 Fouetter la crème jusqu'à ce qu'elle soit bien épaisse et l'incorporer au mélange à base de fromage blanc à l'aide d'une spatule. Étaler la crème sur le fond de tarte et lisser la surface. Laisser reposer 2 heures au réfrigérateur.

5 Pour la décoration, faire des copeaux de chocolat à l'aide d'un couteau économe et les répartir sur le gâteau. Transférer le gâteau sur un plat de service.

Au fil des saisons

Gâteau coco - ananas

Ingrédients pour
1 moule à manqué démontable à charnière (Ø 28 cm)

Préparation : 50 minutes
Cuisson : 1 h 20

Pâte
500 g de noix de coco fraîchement râpée
400 ml d'eau de coco
4 œufs
300 g de sucre roux
200 g de farine fluide
80 g de maïzena
2 cuil. à café de levure chimique
½ cuil. à café de cardamome en poudre
½ cuil. à café de cannelle
120 g d'amandes en poudre

Garniture
½ ananas mûr
150 g de confiture de gingembre
30 g de noix de coco fraîchement râpée

1 Préparer la pâte : mixer la noix de coco râpée et l'eau de coco en plusieurs fois dans un robot de cuisine jusqu'à ce que la noix de coco soit très finement moulue. Transférer dans un bol.

2 Préparer la garniture : peler l'ananas, le couper en quatre et ôter le cœur. Couper les quartiers d'ananas en rondelles de 2 mm d'épaisseur et réserver.

3 Séparer les blancs des jaunes d'œufs. Battre les jaunes d'œufs avec la moitié du sucre jusqu'à ce que le mélange devienne mousseux. Incorporer la noix de coco et battre énergiquement. Mélanger la farine, la maïzena, la levure chimique, la cardamome, la cannelle et les amandes en poudre. Incorporer ce mélange à la préparation précédente. Monter les blancs d'œufs en neige et ajouter le reste de sucre progressivement sans cesser de battre. Incorporer délicatement les blancs en neige à la préparation.

4 Chemiser le moule de papier sulfurisé. Verser la pâte dans le moule et lisser la surface. Répartir les rondelles d'ananas en éventail sur la pâte. Faire cuire le gâteau pendant 1 h 20 au four préchauffé à 160 °C (th. 5-6), jusqu'à ce qu'il soit bien doré. Laisser tiédir, démouler sur une grille à pâtisserie et laisser complètement refroidir.

5 Faire chauffer la confiture de gingembre, la filtrer au tamis et en badigeonner le gâteau. Parsemer le gâteau de noix de coco râpée au moment de servir.

Conseil : on trouve des morceaux de noix de coco fraîche au rayon frais de certains supermarchés. Si vous n'en trouvez pas, réhydratez 300 g de noix de coco râpée dans 200 ml d'eau chaude pendant 10 minutes.

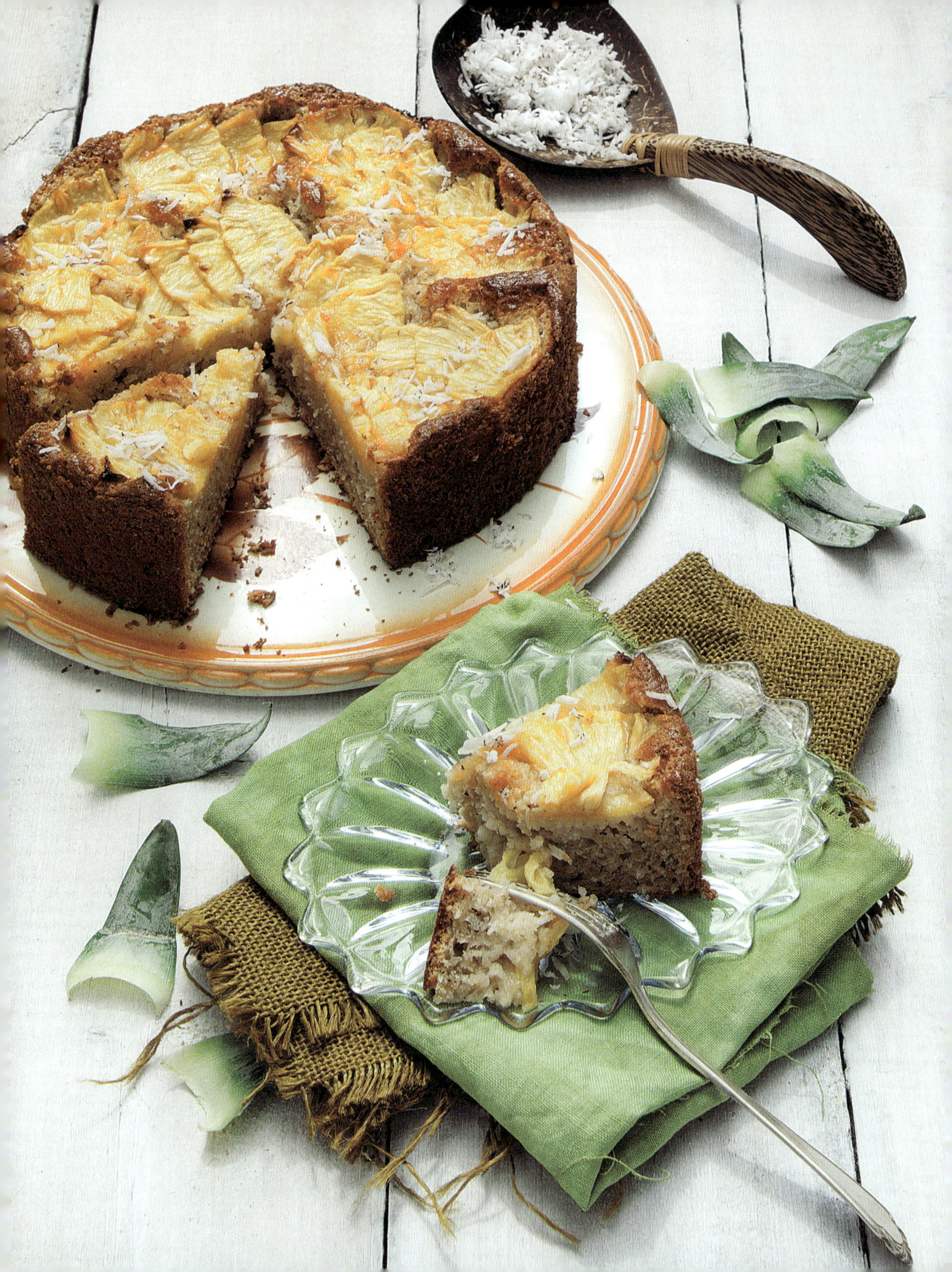

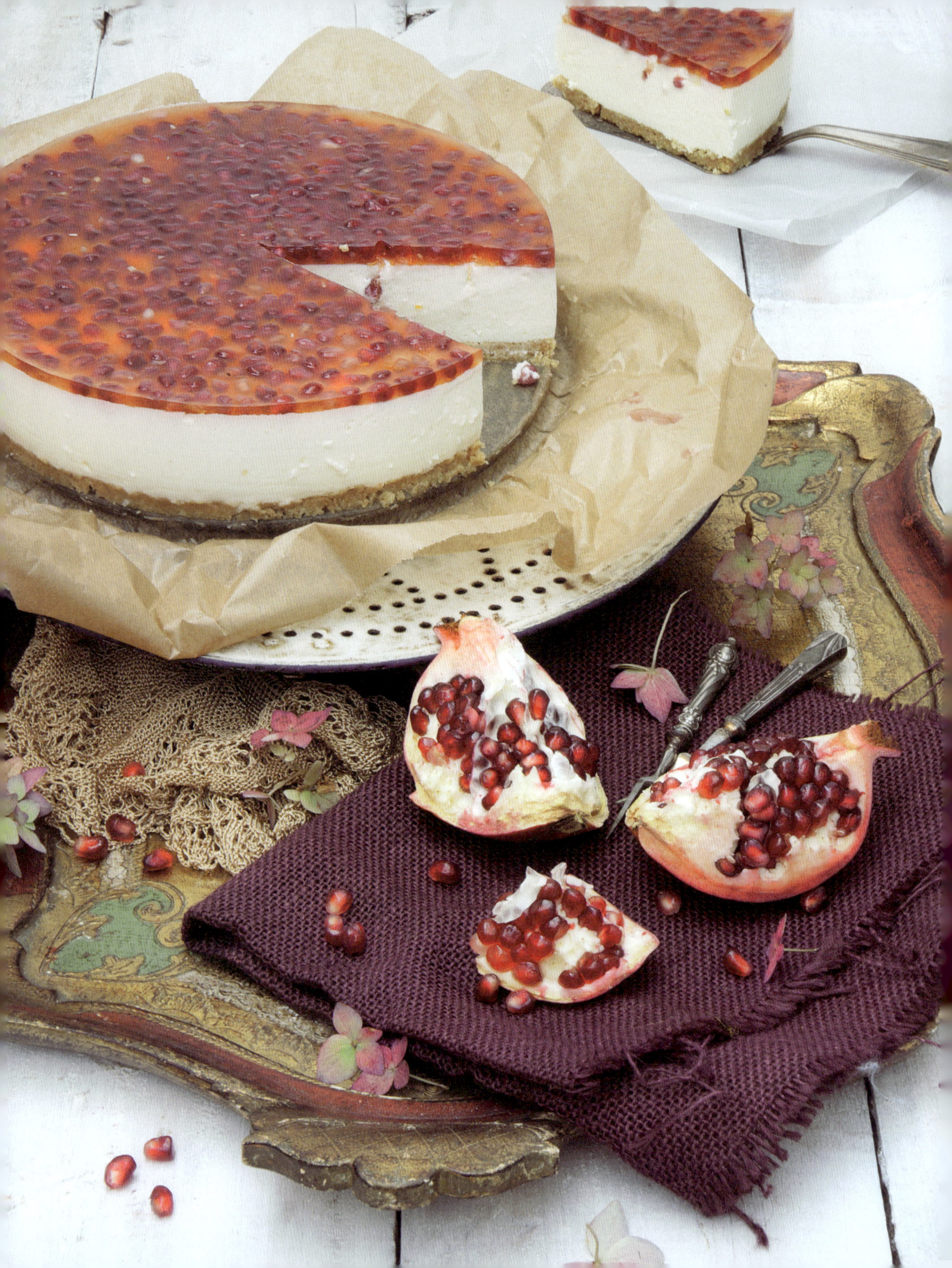

Cheesecake à la grenade

Ingrédients pour
  1 moule à manqué démontable
  à charnière (Ø 24 cm)

Préparation : 30 minutes
Réfrigération : 4 h 30

Pâte
225 g de biscuits à l'avoine
75 g de beurre, un peu plus
  pour graisser le moule

Garniture
9 feuilles de gélatine
500 g de fromage blanc
  à 20 % de matière grasse
3 cuil. à soupe de jus d'orange
75 g de sucre glace
200 g de crème fouettée
2 blancs d'œufs

Nappage
2 feuilles de gélatine
100 ml de jus de coing filtré
40 ml de kirsch
40 g de sucre
2 grenades, égrenées

1 Beurrer le moule. Mettre les biscuits dans un sac en plastique et les écraser finement au rouleau à pâtisserie. Faire fondre le beurre dans une casserole, ajouter les miettes de biscuit et bien mélanger. Étaler cette préparation dans le moule, bien tasser et laisser reposer 30 minutes au réfrigérateur.

2 Préparer la garniture : faire ramollir les feuilles de gélatine pendant 10 minutes dans de l'eau froide. Mélanger le fromage blanc, le jus d'orange et le sucre glace dans un bol. Incorporer la crème fouettée progressivement. Monter les blancs d'œufs en neige dans un autre bol. Essorer un peu les feuilles de gélatine et les faire fondre dans une petite casserole à feu moyen. Incorporer la gélatine au mélange à base de fromage blanc puis incorporer délicatement les blancs d'œufs en neige.

3 Verser la préparation dans le moule, lisser la surface, couvrir de film alimentaire et laisser reposer 2 heures au réfrigérateur.

4 Préparer le nappage : faire ramollir les feuilles de gélatine pendant 10 minutes dans de l'eau froide. Porter le jus de coing, le kirsch et le sucre à ébullition, et y faire fondre les feuilles de gélatine légèrement essorées. Retirer du feu, ajouter les graines de grenade et laisser refroidir.

5 Verser la gelée de grenade sur le gâteau bien pris en lissant bien. Laisser reposer encore 2 heures au réfrigérateur. Démouler le cheesecake et le dresser sur un plat de service.

Gâteau levé à la mangue

Ingrédients pour
1 plaque à pâtisserie
(30 x 40 cm)

Préparation : 35 minutes
Pause : 40 minutes
Cuisson : 45 minutes

Pâte
400 g de farine
21 g de levure fraîche
 (½ cube)
80 g de sucre
250 ml de lait tiède
1 pincée de sel
zeste râpé d'un demi-citron
2 œufs
80 g de beurre ramolli,
 un peu plus pour graisser

Garniture
2 mangues mûres
1 œuf
30 g de beurre ramolli
50 g de sucre roux
125 g de fromage blanc
20 g de farine fluide
zeste râpé d'un demi-citron
1 pincée de sel
2 jaunes d'œufs battus
20 g de noix de coco râpée

1 Préparer la pâte : mettre la farine dans un bol, creuser un puits au centre et y émietter la levure fraîche. Mélanger la levure avec 1 cuillerée à café de sucre, un peu de lait tiède et un peu de farine. Recouvrir le mélange avec un peu de farine. Couvrir le bol d'un torchon et laisser lever 10 minutes près d'une source de chaleur.

2 Répartir le reste du sucre, le sel, le zeste de citron, les œufs et le beurre sur le bord du puits. Pétrir le tout dans un robot de cuisine équipé d'un crochet pétrisseur jusqu'à ce que tous les ingrédients soient bien incorporés. Couvrir et laisser lever encore 30 minutes près d'une source de chaleur.

3 Pendant ce temps, préparer la garniture : peler et dénoyauter les mangues, puis les couper en fines lamelles. Séparer le blanc du jaune d'œuf. Battre le beurre jusqu'à ce qu'il devienne mousseux, puis incorporer progressivement le jaune d'œuf et le sucre. Ajouter le fromage blanc, la farine et le zeste de citron. Monter le blanc d'œuf en neige et l'incorporer au mélange précédent.

4 Beurrer la plaque. Abaisser la pâte sur un plan de travail fariné et en garnir la plaque. Répartir le mélange à base de fromage blanc sur la pâte, lisser la surface et recouvrir de lamelles de mangue.

5 Badigeonner le gâteau de jaunes d'œufs battus et le faire cuire pendant 45 minutes au four préchauffé à 180 °C (th. 6), jusqu'à ce qu'il soit bien doré. Laisser refroidir et parsemer de noix de coco râpée avant de servir.

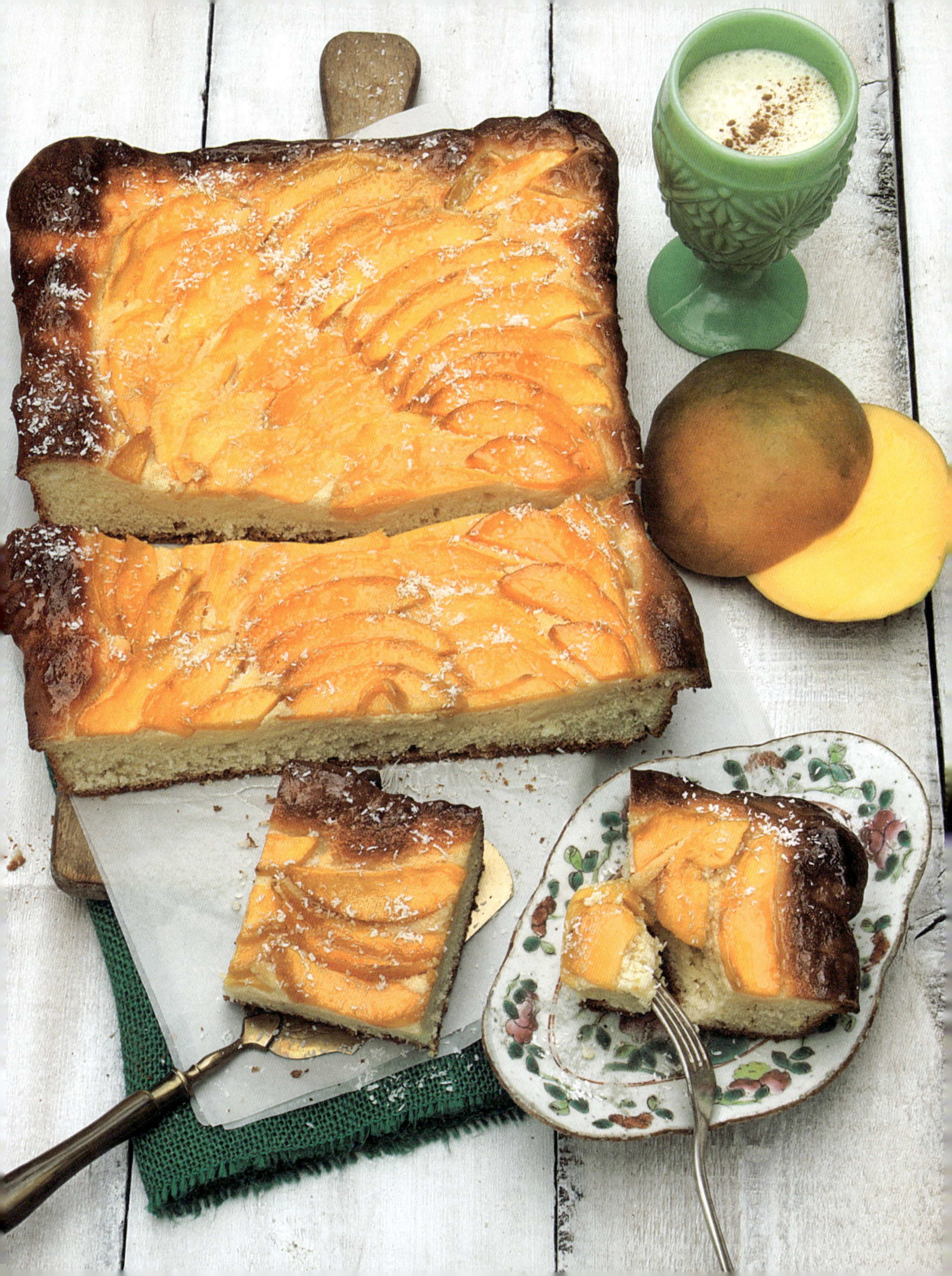

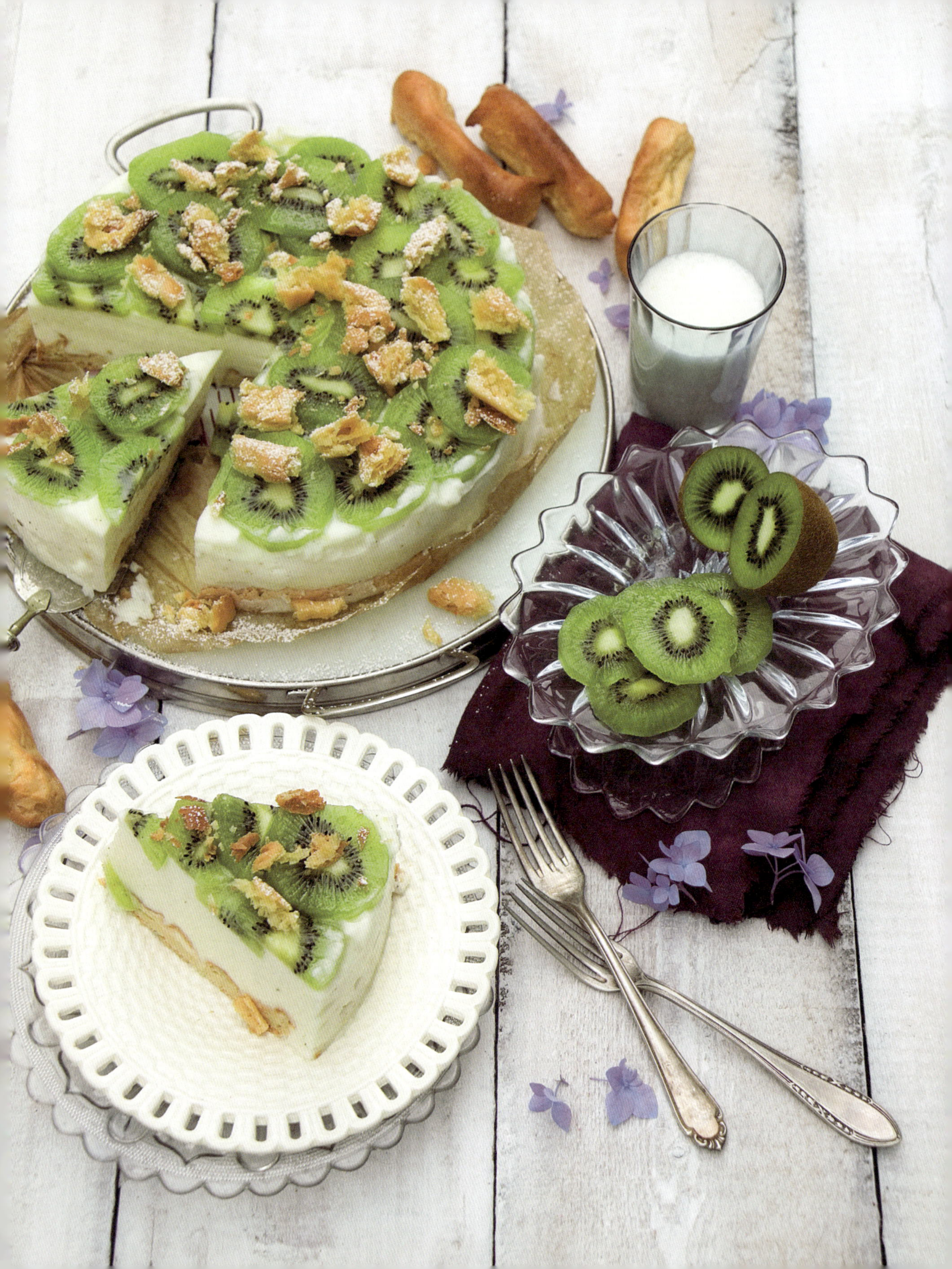

Cheesecake au petit-lait et au kiwi

Ingrédients pour
1 plaque à pâtisserie et 1 cercle
à pâtisserie (Ø 28 cm)

Préparation : 35 minutes
Cuisson : 25 minutes
Réfrigération : 3 heures

Pâte
250 ml d'eau
65 g de beurre
1 pincée de sel
30 g de sucre
150 g de farine
3 œufs

Garniture
14 feuilles de gélatine
1 l de petit-lait
jus de 2 citrons
100 g de sucre
2 cuil. à café de sucre vanillé
200 g de crème fraîche liquide
4 gros kiwis

1 Préparer une pâte à choux : porter l'eau à ébullition avec le beurre, le sel et le sucre. Ajouter la farine en une fois et mélanger énergiquement avec une cuillère en bois jusqu'à ce que la pâte se détache des parois de la casserole en formant une boule et en laissant un film blanc. Hors du feu, incorporer les œufs un par un en battant bien.

2 Transférer la pâte dans une poche munie d'une douille de taille moyenne et la dresser en spirale en écartant chaque tour de 1 cm de manière à obtenir un disque de 28 cm de diamètre sur une plaque à pâtisserie recouverte de papier sulfurisé. Dresser le reste de la pâte en bandes à côté du disque précédent.

3 Enfourner la plaque sur la grille du milieu dans le four préchauffé à 220 °C (th. 7-8). Verser une petite tasse d'eau sur la sole du four, fermer immédiatement la porte et laisser cuire la pâte à choux pendant 25 minutes, jusqu'à ce qu'elle soit bien dorée. Sortir du four, laisser refroidir et poser sur une grille à pâtisserie.

4 Préparer la garniture : faire ramollir les feuilles de gélatine pendant 10 minutes dans de l'eau froide. Mélanger le petit-lait, le jus de citron, le sucre et le sucre vanillé. Essorer la gélatine, la faire fondre à feu doux puis l'incorporer au mélange. Réserver au réfrigérateur jusqu'à ce que la préparation commence à prendre. Fouetter la crème jusqu'à ce qu'elle soit bien épaisse et l'incorporer en deux fois à la préparation.

5 Ajuster le cercle à pâtisserie autour du disque de pâte à choux. Verser la crème sur la pâte et lisser la surface. Laisser reposer pendant 3 heures au réfrigérateur.

6 Casser les bandes de pâte à choux en morceaux. Peler les kiwis et les couper en rondelles. Garnir la tarte de rondelles de kiwis et parsemer de morceaux de choux. Retirer le cercle et servir.

Au fil des saisons

Cheesecake mandarine et Campari

Ingrédients pour
1 moule à manqué démontable
à charnière (Ø 22 cm)

Préparation : 30 minutes
Réfrigération : 3 h 30

Pâte
150 g de biscuits à la cuillère
125 g de beurre

Garniture
800 g de mandarines au sirop
600 g de fromage frais
350 g de yaourt
50 ml de jus d'orange
150 ml de Campari
10 feuilles de gélatine
100 g de sucre

1 Chemiser le fond du moule de papier sulfurisé.

2 Préparer la pâte : mettre les biscuits à la cuillère dans un sac en plastique et les écraser finement au rouleau à pâtisserie. Réserver 2 cuillerées à soupe de miettes pour la décoration. Faire fondre le beurre dans une casserole, ajouter le reste des miettes et mélanger. Verser cette préparation dans le moule et bien tasser. Laisser reposer 30 minutes au réfrigérateur.

3 Préparer la garniture : égoutter les mandarines en récupérant le sirop. Mélanger le fromage frais, le yaourt, le jus d'orange et le Campari dans un robot de cuisine jusqu'à ce que la préparation soit bien lisse.

4 Faire ramollir les feuilles de gélatine pendant 10 minutes dans de l'eau froide. Porter à ébullition la moitié du sirop de mandarine avec le sucre, puis faire fondre la gélatine bien essorée dans cette préparation. Laisser reposer 1 heure environ.

5 Incorporer progressivement la gélatine au mélange à base de fromage frais. Incorporer délicatement la moitié des mandarines et répartir le tout dans le moule. Lisser la surface, couvrir de film alimentaire et laisser reposer pendant 3 heures au réfrigérateur.

6 Enlever le film alimentaire, recouvrir le cheesecake du reste des mandarines et parsemer des miettes de biscuit réservées.

Conseil : en été, remplacer les mandarines par des fraises fraîches. Si vous ne trouvez pas de mandarines, utilisez simplement des pêches au sirop.

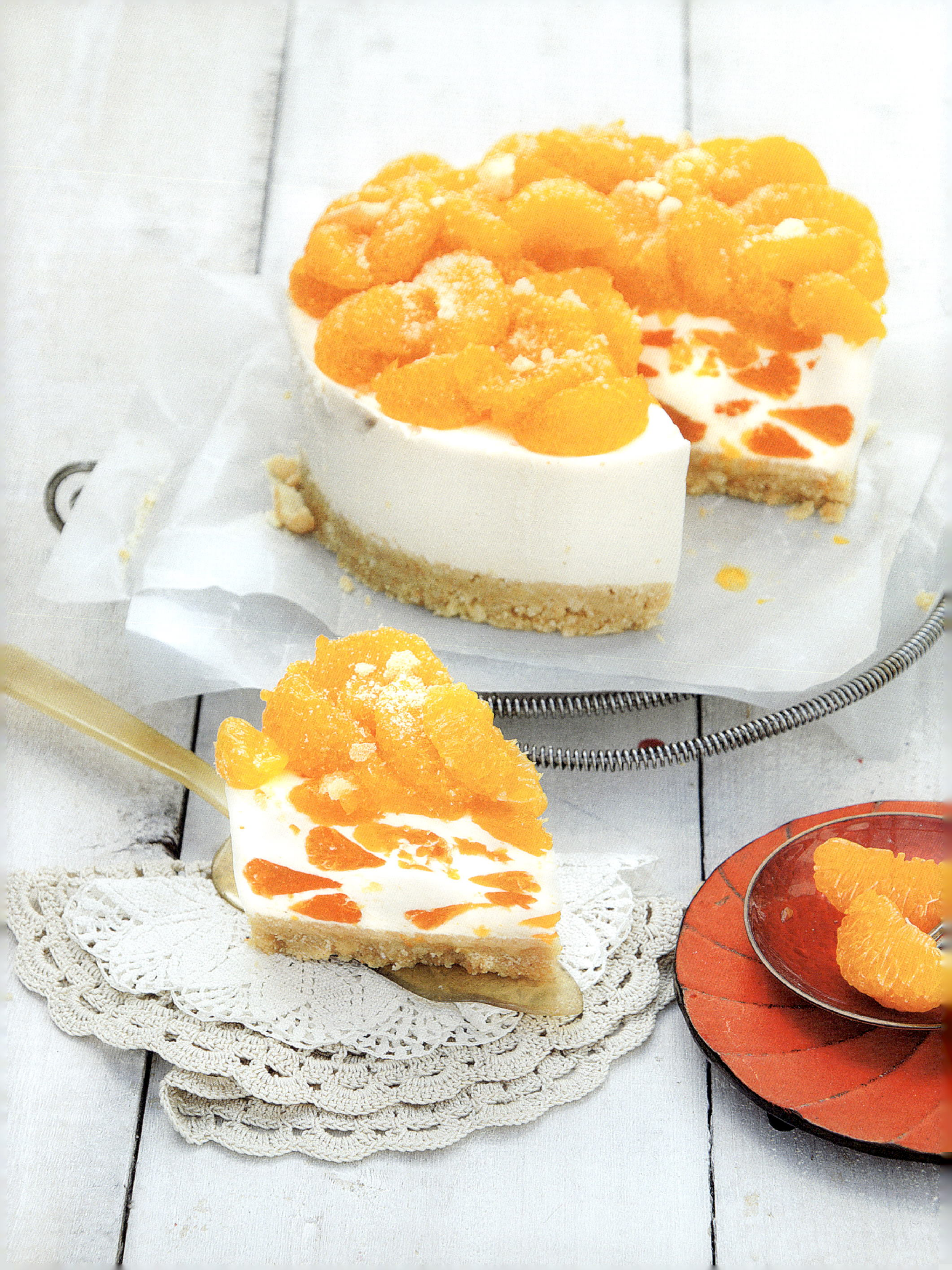

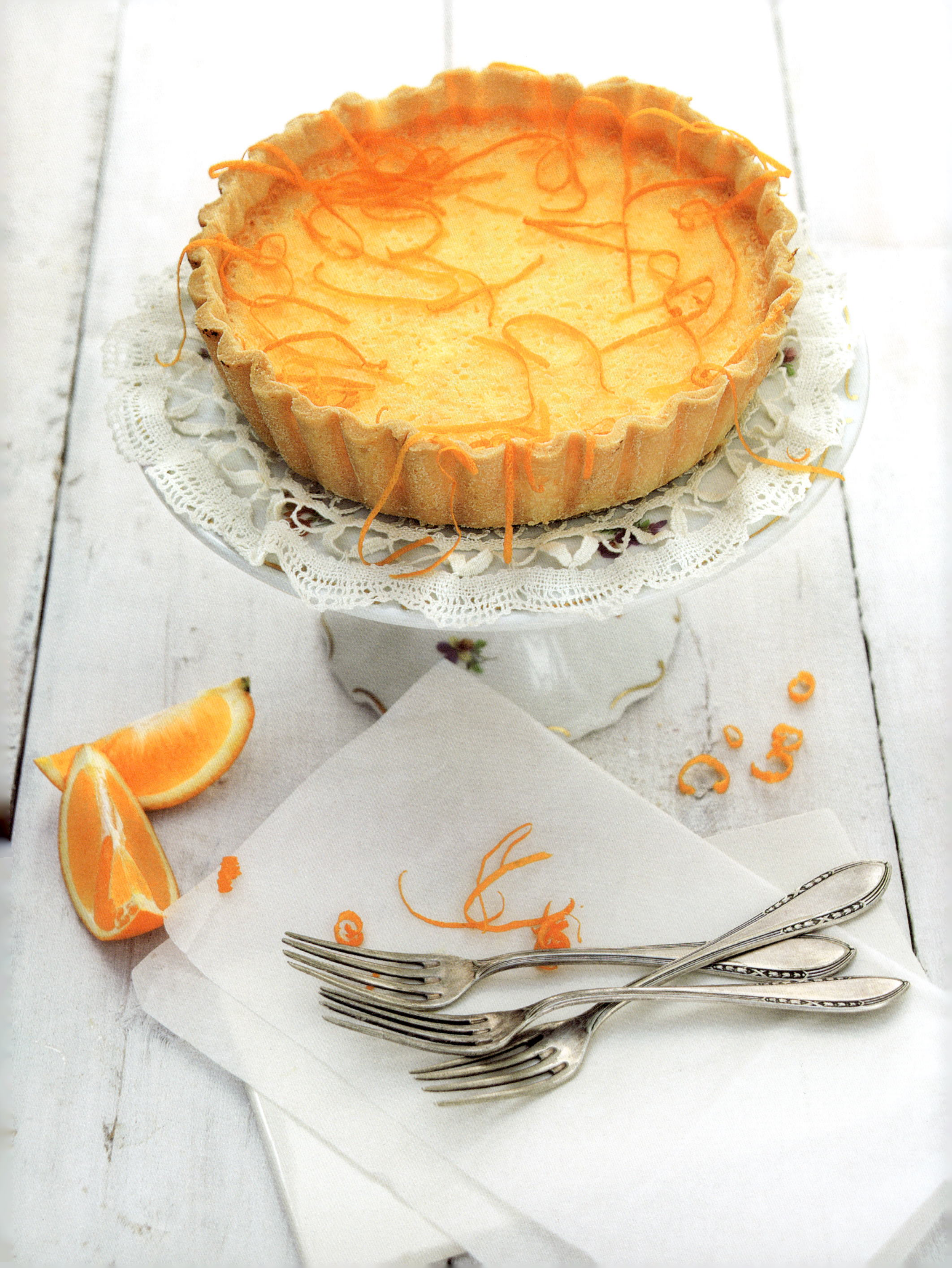

Tarte à l'orange d'Angélique

Ingrédients pour
1 moule à tarte (Ø 24 cm)

Préparation : 35 minutes
Réfrigération : 1 heure
Cuisson : 1 h 05

Pâte
150 g de beurre, un peu plus pour graisser
250 g de farine, un peu plus pour saupoudrer
40 g de sucre
1 pincée de sel
1 œuf
zeste râpé d'une demi-orange
2 cuil. à soupe d'eau tiède

Garniture
1 œuf
3 jaunes d'œufs
120 g de sucre
400 g de crème fraîche
jus et zeste râpé d'une orange
3 cuil. à soupe de confiture d'orange
zeste d'orange, pour la décoration

1 Préparer la pâte : couper le beurre en dés. Mélanger le beurre, la farine, le sucre, le sel, l'œuf, le zeste d'orange et l'eau tiède jusqu'à obtention d'une pâte. Envelopper de film alimentaire et laisser reposer 1 heure au réfrigérateur.

2 Préparer la garniture : battre l'œuf entier avec les jaunes d'œufs et le sucre jusqu'à ce que le mélange devienne mousseux. Faire chauffer la crème fraîche dans une casserole en la mélangeant régulièrement au fouet. Incorporer le zeste et le jus d'orange.

3 Verser la crème à l'orange chaude sur le mélange à base d'œufs, passer le tout au tamis fin et laisser refroidir.

4 Abaisser la pâte sur un plan de travail fariné sur une épaisseur de 3 mm. Beurrer le moule, le garnir de pâte et piquer le fond avec une fourchette. Découper l'excédent de pâte avec un couteau.

5 Recouvrir le fond de tarte de papier sulfurisé, lester avec des légumes secs et faire cuire 15 minutes à blanc au four préchauffé à 180 °C (th. 6) sur la grille du bas. Retirer les légumes secs et le papier sulfurisé puis poursuivre la cuisson pendant 15 minutes. Sortir du four et baisser la température du four à 160 °C (th. 5-6).

6 Badigeonner le fond de tarte chaud de confiture d'orange, ajouter la crème à l'orange et enfourner de nouveau. Laisser cuire 35 minutes. Sortir la tarte du four et laisser refroidir. Parsemer de zeste d'orange au moment de servir.

Gâteau roulé au citron

Ingrédients pour
1 plaque à pâtisserie
(30 x 40 cm)

Préparation : 50 minutes
Cuisson : 20 minutes
Réfrigération : 5 heures

Pâte
5 œufs
4 cuil. à soupe d'eau chaude
75 g de sucre
90 g de farine T45
55 g de maïzena
1 cuil. à café de levure chimique

Garniture
jus de 3 citrons
zeste râpé d'un citron
60 g de sucre
350 ml d'eau
5 feuilles de gélatine
250 g de crème fraîche liquide
40 g de sucre glace,
  pour la décoration
150 g de myrtilles,
  pour la décoration

1 Préparer la pâte : séparer les blancs des jaunes d'œufs. Monter les blancs d'œufs en neige avec l'eau chaude, puis ajouter le sucre progressivement sans cesser de battre. Incorporer délicatement les jaunes d'œufs. Tamiser ensemble la farine, la maïzena et la levure chimique, et ajouter délicatement ce mélange à la préparation.

2 Chemiser la plaque de papier sulfurisé, verser la pâte sur la plaque et lisser la surface. Enfourner immédiatement dans le four préchauffé à 170 ºC (th. 5-6) sur la grille du milieu et laisser cuire 20 minutes.

3 Dès la sortie du four, démouler le biscuit sur un torchon humide. Humecter le papier sulfurisé à l'aide d'un pinceau et le décoller rapidement. Rouler le biscuit avec le torchon et le laisser reposer 2 heures au réfrigérateur.

4 Préparer la garniture : porter le jus de citron à ébullition avec le zeste, le sucre et l'eau, et laisser bouillir quelques minutes. Faire ramollir les feuilles de gélatine dans un peu d'eau, les essorer et les faire fondre dans le sirop de citron encore chaud. Réserver au réfrigérateur.

5 Fouetter la crème dans un robot de cuisine jusqu'à ce qu'elle soit bien épaisse. Dès que la gelée de citron commence à prendre, incorporer la crème fouettée.

6 Dérouler délicatement le biscuit. Étaler la crème au citron dessus et rouler de nouveau sans attendre. Laisser reposer 3 heures au réfrigérateur.

7 Au moment de servir, saupoudrer le biscuit de sucre glace et le couper en tranches. Servir accompagné de myrtilles.

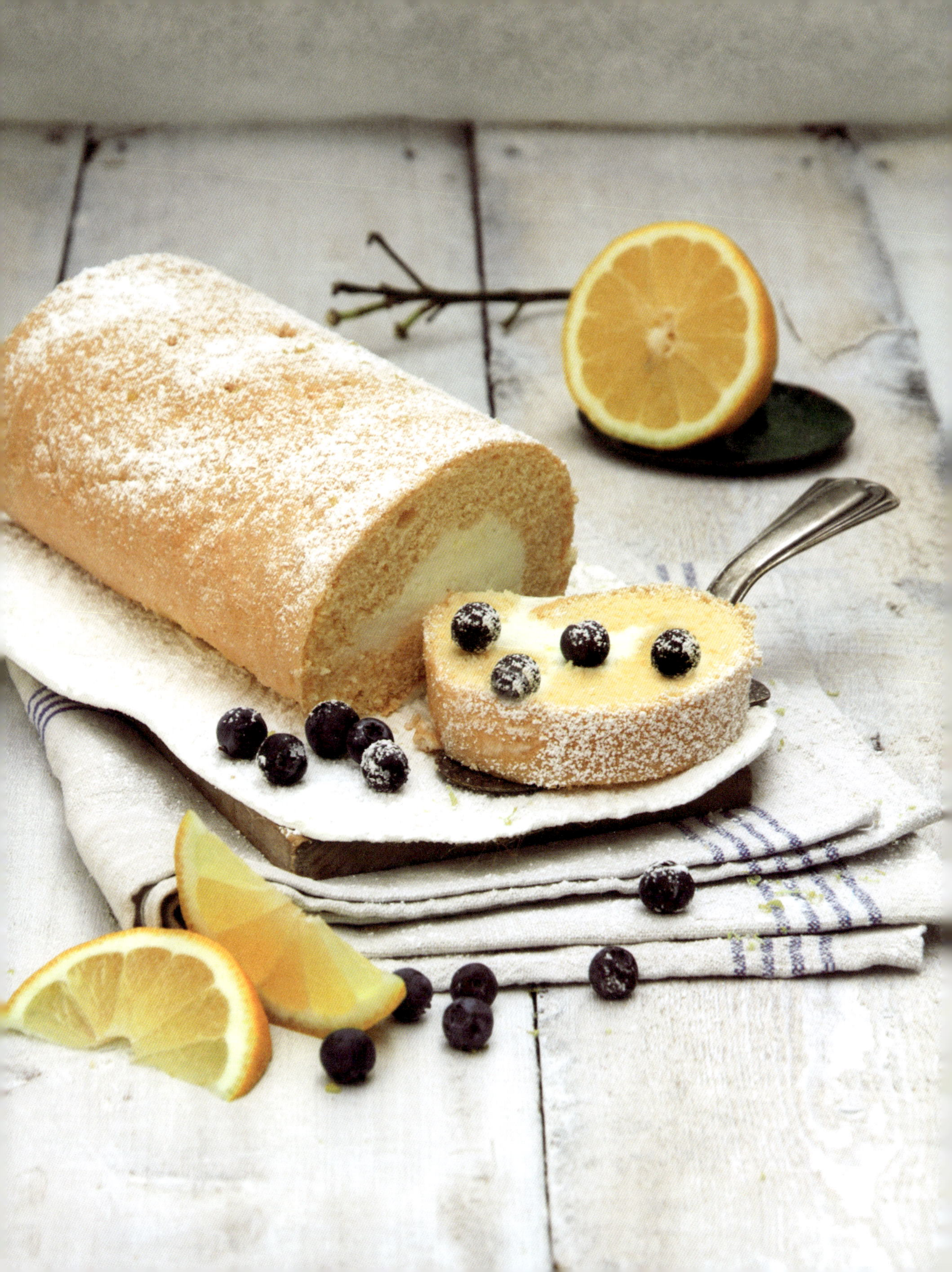

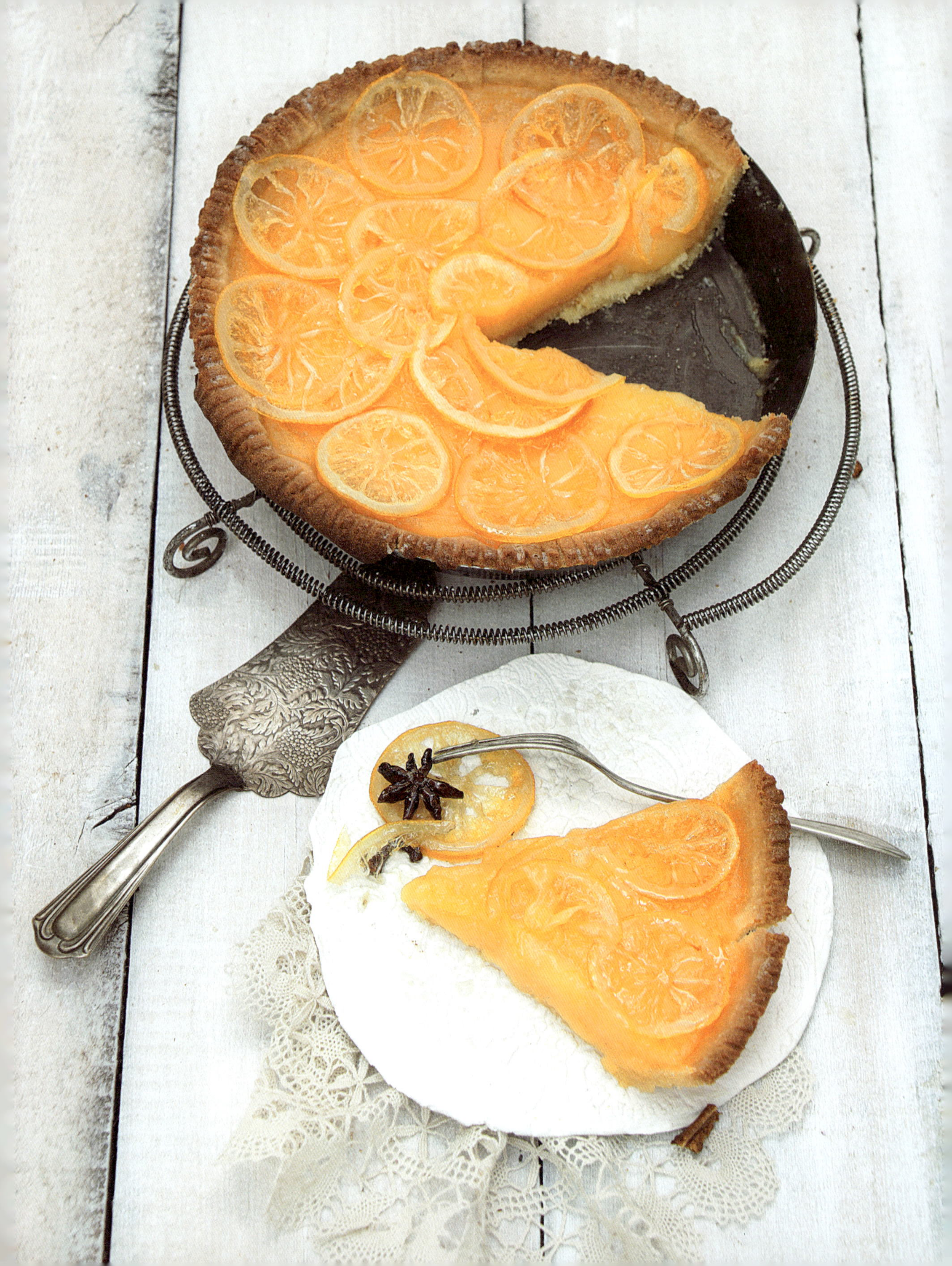

Tarte au citron d'Angélique

Ingrédients pour
1 moule à tarte (Ø 24 cm)

Préparation : 25 minutes
Réfrigération : 30 minutes
Cuisson : 1 h 05

Pâte
200 g de farine, un peu plus
  pour saupoudrer
90 g de sucre glace
90 g d'amandes en poudre
140 g de beurre fondu,
  un peu plus pour graisser
1 œuf
1 pincée de sel

Garniture
jus et zeste râpé de 3 citrons
150 g de beurre
265 g de sucre
4 œufs
2 citrons
100 g d'eau
100 g de sucre supplémentaire

1 Préparer la pâte : mélanger la farine, le sucre glace et les amandes en poudre. Mixer le beurre fondu avec l'œuf, le sel et le mélange précédent dans un robot de cuisine. Pétrir ensuite avec les mains jusqu'à obtention d'une pâte lisse. Envelopper de film alimentaire et laisser reposer 30 minutes au réfrigérateur.

2 Préparer la garniture : mettre le jus et le zeste de citron, le beurre et le sucre dans une casserole et faire chauffer sans cesser de remuer jusqu'à ce que le sucre soit dissous. Battre les œufs jusqu'à ce qu'ils deviennent mousseux et les incorporer au mélange précédent. Hors du feu, continuer de fouetter jusqu'à obtention d'une crème homogène.

3 Beurrer le moule. Abaisser la pâte sur un plan de travail fariné en un disque de 5 mm d'épaisseur. En garnir le moule, bien presser sur les bords et couper l'excédent de pâte. Piquer le fond plusieurs fois avec une fourchette.

4 Recouvrir le fond de tarte de papier sulfurisé, lester avec des légumes secs et faire cuire 15 minutes à blanc au four préchauffé à 180 °C (th. 6) sur la grille du bas. Retirer les légumes secs et le papier sulfurisé puis poursuivre la cuisson pendant 15 minutes. Sortir du four et baisser la température du four à 140 °C (th. 4-5). Verser la crème au citron sur le fond de tarte, enfourner et poursuivre la cuisson pendant 35 minutes.

5 Pendant ce temps, rincer les citrons à l'eau chaude et les couper en fines rondelles. Mettre les rondelles de citron dans une casserole peu profonde avec l'eau et le sucre supplémentaire. Porter à ébullition et laisser mijoter pendant 10 minutes. Laisser refroidir dans le sirop.

6 Laisser refroidir la tarte sur une grille à pâtisserie. Répartir les rondelles de citron sur la tarte au moment de servir.

Tarte aux figues au Cointreau

Ingrédients pour
1 moule à manqué démontable à charnière (Ø 24 cm)

Préparation : 40 minutes
Cuisson : 40 minutes

Pâte
70 g de figues sèches
120 g de beurre, un peu plus pour graisser
½ gousse de vanille
4 œufs
150 g de sucre
3 cuil. à soupe de maïzena
220 g d'amandes en poudre
20 ml de Cointreau

Garniture
200 g de crème fraîche liquide
50 g de sucre glace, un peu plus pour la décoration
1 sachet de cremfix
400 g de figues fraîches
20 g d'amandes effilées grillées pour la décoration
sucre glace, pour la décoration

1 Préparer la pâte : hacher finement les figues sèches dans un robot de cuisine. Faire fondre le beurre dans une petite casserole. Prélever les graines de la demi-gousse de vanille.

2 Séparer les blancs des jaunes d'œufs. Battre les jaunes d'œufs avec 100 g de sucre et les graines de vanille jusqu'à ce que le mélange devienne mousseux, puis incorporer la maïzena, les figues hachées, les amandes en poudre, le beurre et le Cointreau.

3 Monter les blancs d'œufs en neige souple et ajouter le reste du sucre progressivement sans cesser de battre jusqu'à obtention d'une neige bien ferme. Incorporer les blancs en neige au mélange précédent.

4 Beurrer le moule et y verser la préparation. Faire cuire la tarte 40 minutes au four préchauffé à 200 °C (th. 6-7) sur la grille du milieu. Sortir du four et laisser refroidir.

5 Préparer la garniture : laver les figues fraîches et les couper en deux. Fouetter la crème avec le sucre glace et le cremfix jusqu'à ce qu'elle soit bien épaisse. Étaler la crème fouettée sur le gâteau froid et recouvrir de figues. Parsemer d'amandes effilées grillées et saupoudrer de sucre glace au moment de servir.

Conseil : chemiser le plat de service de feuilles de figuier et poser la tarte sur les feuilles.

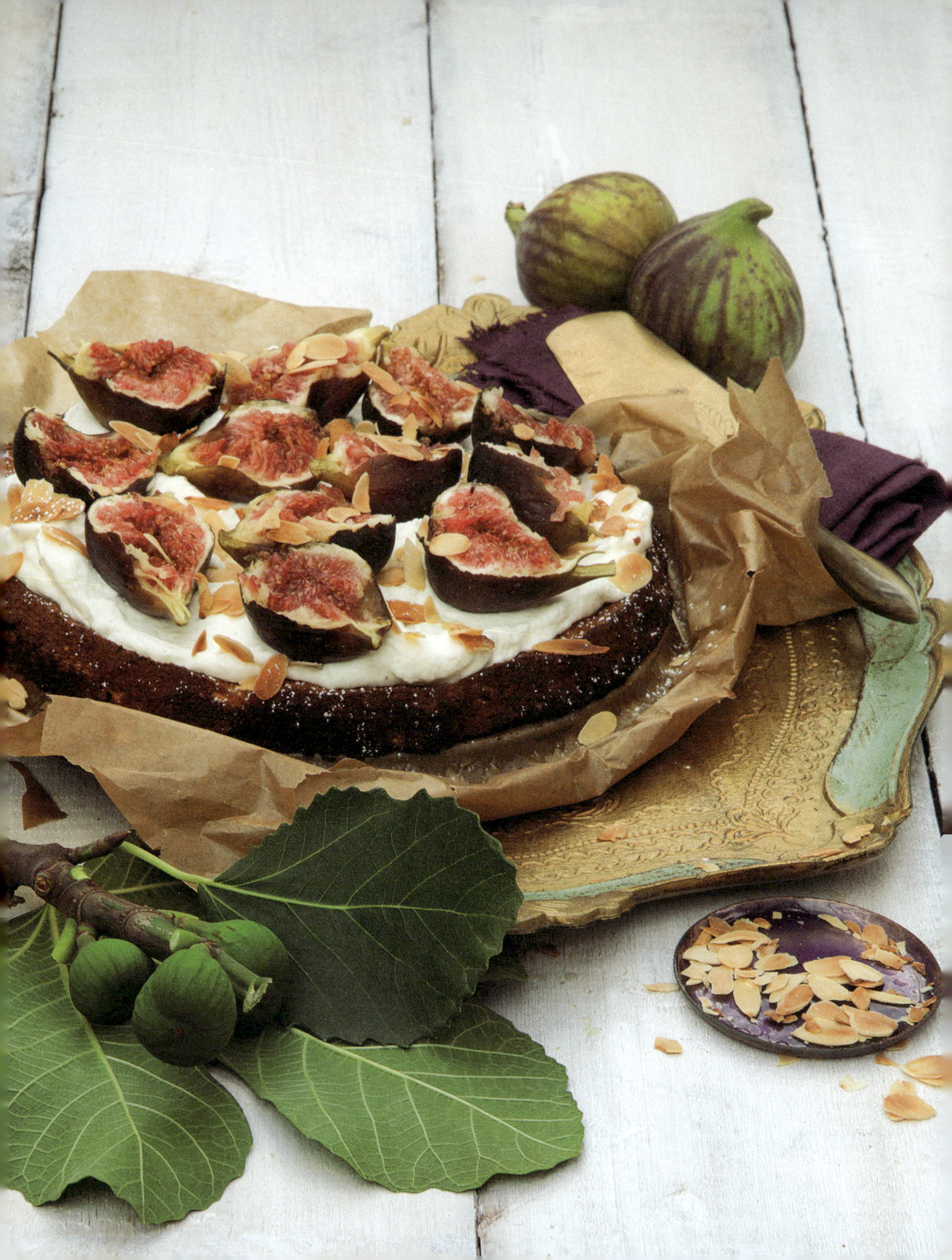

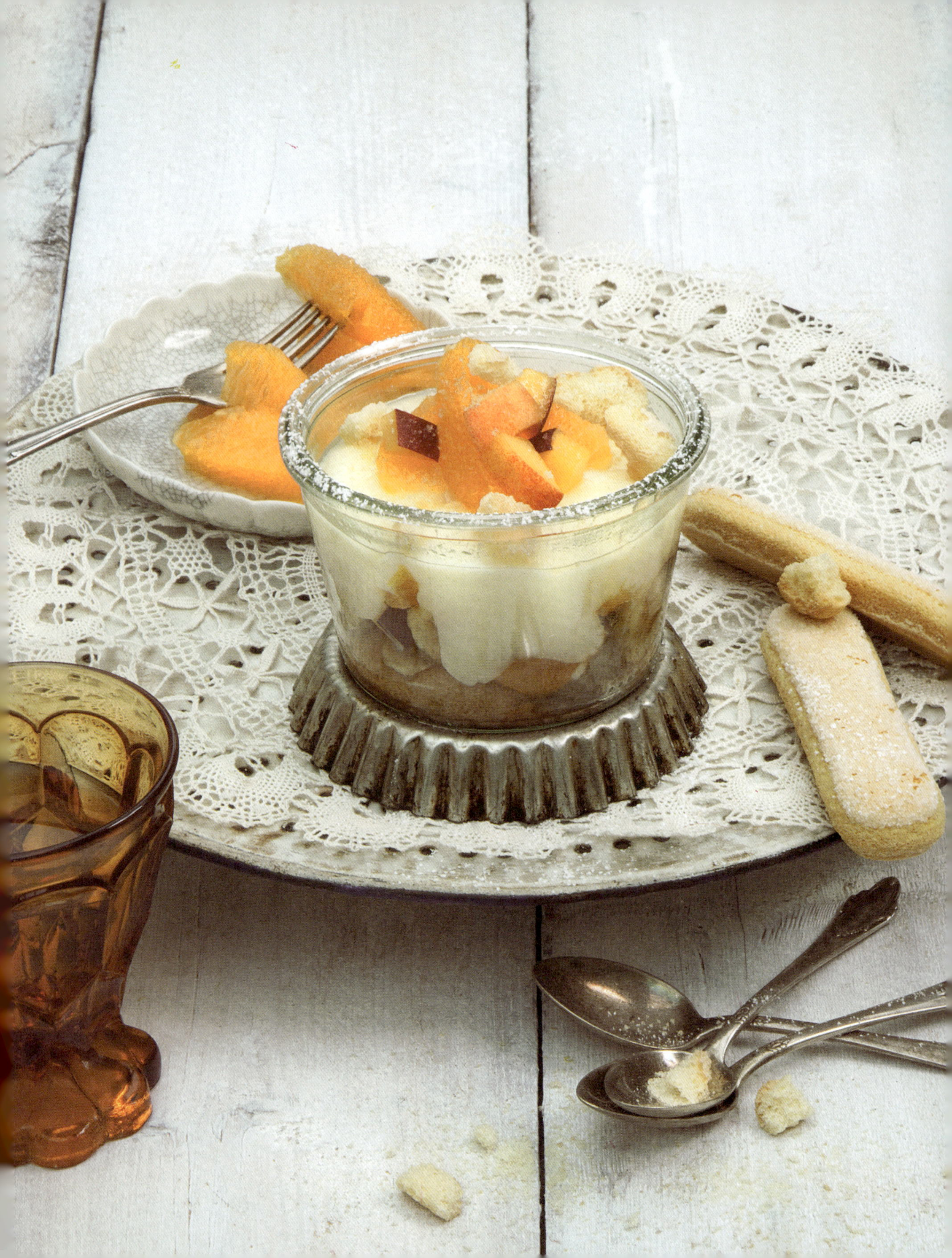

Trifle aux fruits macérés au cognac

Ingrédients pour
8 verrines (d'une contenance de 200 ml)

Préparation : 45 minutes
Pause : 30 minutes
Réfrigération : 1 heure

500 g de noix de coco fraîchement râpée
250 g de biscuits à la cuillère
100 g de confiture d'abricot
200 ml de cognac
2 oranges
2 nectarines
1 banane mûre
1 sachet de préparation pour flan à la vanille
500 ml de lait
1 gousse de vanille
200 g de crème fraîche liquide
40 g de sucre

1 Écraser grossièrement les biscuits à la cuillère et les mettre dans un bol peu profond. Mélanger la confiture d'abricot et 150 ml de cognac, et incorporer délicatement le mélange aux miettes de biscuit. Couvrir de film alimentaire et réserver.

2 Peler les oranges à vif et lever les segments en procédant au-dessus d'un bol pour récupérer le jus.

3 Couper les nectarines en deux, les dénoyauter et les couper en petits morceaux. Peler les bananes et les couper en deux dans la longueur puis en fines rondelles. Mélanger avec les segments d'orange et les morceaux de nectarine. Ajouter le reste du cognac et laisser macérer 30 minutes.

4 Répartir les miettes de biscuit dans les verrines et ajouter la salade de fruits avec le jus. Réserver un peu de fruits pour la décoration.

5 Préparer le flan à la vanille avec le lait en suivant les instructions du paquet. Verser le flan dans un bol, couvrir de film alimentaire et laisser reposer 1 heure au réfrigérateur.

6 Fendre la gousse de vanille en deux et en prélever les graines. Fouetter la crème jusqu'à ce qu'elle soit bien ferme avec les graines de vanille et le sucre. Fouetter le flan à la vanille pour le lisser et incorporer la crème fouettée.

7 Répartir la crème dans les verrines. Tapoter les verrines sur un plan de travail pour tasser la crème. Garnir du reste de la salade de fruits et servir bien frais.

Tarte aux tamarillos et au chocolat

Ingrédients pour
1 moule à manqué démontable
à charnière (Ø 24 cm)

Préparation : 45 minutes
Cuisson : 50 minutes
Réfrigération : 4 heures

Pâte
5 œufs
1 pincée de sel
3 cuil. à soupe d'eau
150 g de sucre
100 g de farine
20 g de maïzena
40 g de cacao en poudre
beurre, pour graisser le moule

Garniture
2 tamarillos
8 feuilles de gélatine
40 ml de Cointreau
110 g de sucre glace
500 g de crème fraîche
2 cuil. à café de sucre vanillé

Décoration
2 tamarillos
100 g de gelée de coing

1 Préparer la pâte : séparer les blancs des jaunes. Monter les blancs d'œufs en neige avec le sel. Battre les jaunes d'œufs avec l'eau et le sucre jusqu'à ce que le sucre soit dissous. Mélanger la farine, la maïzena et le cacao en poudre. Incorporer délicatement ce mélange à la préparation à base de jaunes d'œufs avec les blancs en neige.

2 Beurrer le moule. Verser la pâte dans le moule et faire cuire 50 minutes au four préchauffé à 180 °C (th. 6). Démouler sur une grille à pâtisserie et laisser refroidir.

3 Préparer la garniture : peler les tamarillos à l'aide d'un couteau économe, ôter le pédoncule et écraser les fruits au presse-purée. Faire ramollir les feuilles de gélatine 10 minutes dans de l'eau froide, les essorer et les faire fondre avec le Cointreau dans une petite casserole à feu doux. Mélanger avec la purée de tamarillo et le sucre glace.

4 Fouetter la crème avec le sucre vanillé jusqu'à ce qu'elle soit bien épaisse et incorporer la préparation précédente.

5 Couper le biscuit froid en deux dans l'épaisseur. Remettre partie inférieure dans le moule et garnir de crème au tamarillo. Recouvrir avec la partie supérieure du biscuit, couvrir le moule de film alimentaire et laisser reposer 4 heures au réfrigérateur jusqu'à ce que la crème ait pris.

6 Préparer la décoration : peler les tamarillos au couteau économe, ôter le pédoncule et couper les fruits en fines rondelles avec un couteau tranchant. Répartir les rondelles de tamarillos sur le gâteau. Faire tiédir la gelée de coing et en badigeonner les rondelles de tamarillos à l'aide d'un pinceau.

Index

Abricots
- Gâteau aux abricots et aux myrtilles — 50
- Gâteau de riz aux abricots — 48

Amandes
- Gâteau aux amandes et aux pommes à la cannelle — 66
- Gâteau coco-ananas — 74
- Tarte aux figues au Cointreau — 90

Ananas
- Gâteau coco-ananas — 74

Bananes
- Tarte choco-banane — 72
- Trifle aux fruits macérés au cognac — 92

Biscuits
- Biscuit roulé aux noix et à la poire — 26
- Cheesecake mandarine et Campari — 82
- Gâteau roulé au citron — 86
- Mini-charlottes russes au chocolat blanc — 18
- Tarte aux tamarillos et au chocolat — 94
- Tartelettes aux fraises et à la crème vanillée — 14
- Trifle aux fruits macérés au cognac — 92

Chocolat
- Tarte aux tamarillos et au chocolat — 94
- Tarte choco-banane — 72

Cerises
- Clafoutis aux griottes — 58
- Gâteau aux cerises de Mamie — 60
- Kouglof marbré aux cerises — 56

Citrons
- Tarte aux fraises citronnée — 12
- Gâteau roulé au citron — 86
- Tarte au citron d'Angélique — 88

Citrons verts
- Tarte au citron vert et aux framboises — 34

Crumble
- Crumble noix-myrtilles — 24
- Gâteau aux abricots et aux myrtilles — 50
- Tartelettes-crumbles aux fruits rouges — 22

Figues
- Tarte aux figues au Cointreau — 90

Fraises
- Fruits rouges en gelée — 20
- Tarte aux fraises citronnée — 12
- Tartelettes aux fraises et à la crème vanillée — 14

Framboises
- Feuilletés meringués aux fruits rouges — 32
- Fruits rouges en gelée — 20
- Mini-charlottes russes au chocolat blanc — 18
- Tarte au citron vert et aux framboises — 34
- Tarte mascarpone-fruits des bois — 16
- Tartelettes-crumbles aux fruits rouges — 22
- Tartelettes meringuées aux groseilles et aux myrtilles — 36

Fromage frais
- Cheesecake à la grenade — 76
- Gâteau aux abricots et aux myrtilles — 50
- Gâteau aux mûres — 30
- Tarte aux nectarines — 54
- Tarte choco-banane — 72
- Tarte crémeuse au raisin — 70
- Tarte meringuée aux groseilles à maquereau — 38

Génoise
- Gâteau à la rhubarbe — 10
- Gâteau aux amandes et aux pommes à la cannelle — 66
- Gâteau aux cerises de Mamie — 60
- Gâteau breton aux mirabelles — 46
- Gâteau pomme-cannelle — 68
- Kouglof marbré aux cerises — 56
- Tartelettes meringuées aux groseilles et aux myrtilles — 36

Grenades
- Cheesecake à la grenade — 76

Groseilles
- Feuilletés meringués aux fruits rouges — 32
- Fruits rouges en gelée — 20
- Tarte aux fraises citronnée — 12
- Tartelettes meringuées aux groseilles et aux myrtilles — 36

Groseilles à maquereau
- Tarte meringuée aux groseilles à maquereau — 38

Kiwis
- Cheesecake au petit-lait et au kiwi — 80

Mandarines
- Cheesecake mandarine et Campari — 82

Mangues
- Gâteau levé à la mangue — 78

Meringue
- Feuilletés meringués aux fruits rouges — 32
- Tarte meringuée aux groseilles à maquereau — 38
- Tartelettes meringuées aux groseilles et aux myrtilles — 36

Mirabelles
- Gâteau breton aux mirabelles — 46
- Tarte feuilletée aux mirabelles — 42

Mûres
- Fruits rouges en gelée — 20
- Tartelettes-crumbles aux fruits rouges — 22
- Gâteau levé poires-mûres — 28
- Gâteau aux mûres — 30
- Tarte mascarpone-fruits des bois — 16

Myrtilles
- Crumble noix-myrtilles — 24
- Feuilletés meringués aux fruits rouges — 32
- Fruits rouges en gelée — 20
- Gâteau aux abricots et aux myrtilles — 50
- Gâteau roulé au citron — 86
- Mini-charlottes russes au chocolat blanc — 18
- Tarte mascarpone-fruits des bois — 16
- Tartelettes-crumbles aux fruits rouges — 22
- Tartelettes meringuées aux groseilles et aux myrtilles — 36

Nectarines
- Tarte aux nectarines — 54
- Trifle aux fruits macérés au cognac — 92

Noix
- Biscuit roulé aux noix et à la poire — 26
- Crumble noix-myrtilles — 24

Noix de coco
- Gâteau coco-ananas — 74
- Gâteau levé à la mangue — 78
- Trifle aux fruits macérés au cognac — 92

Oranges
- Tarte à l'orange d'Angélique — 84
- Trifle aux fruits macérés au cognac — 92

Pâte brisée
- Apple pies à l'américaine — 64
- Crumble noix-myrtilles — 24
- Gâteau de riz aux abricots — 48
- Tarte à l'orange d'Angélique — 84
- Tarte au citron d'Angélique — 88
- Tarte au citron vert et aux framboises — 34
- Tarte aux fraises citronnée — 12
- Tartelettes-crumbles aux fruits rouges — 22

Pâte feuilletée
- Feuilletés meringués aux fruits rouges — 32
- Tarte feuilletée aux mirabelles — 42
- Tarte feuilletée aux prunes — 40
- Tatin de pêches — 52

Pâte levée
- Gâteau levé à la mangue — 78
- Gâteau levé poires-mûres — 28
- Tarte meringuée aux groseilles à maquereau — 38

Pêches
- Tatin de pêches — 52

Poires
- Biscuit roulé aux noix et à la poire — 26
- Gâteau levé poires-mûres — 28

Pommes
- Apple pies à l'américaine — 64
- Gâteau aux amandes et aux pommes à la cannelle — 66
- Gâteau aux pommes et au cidre — 62
- Gâteau pomme-cannelle — 68

Prunes
- Tarte feuilletée aux prunes — 40

Quetsches
- Strudel aux quetsches — 44

Raisins
- Tarte crémeuse au raisin — 70

Rhubarbe
- Gâteau à la rhubarbe — 10

Semoule
- Gâteau aux mûres — 30

Strudel
- Strudel aux quetsches — 44

Tamarillos
- Tarte aux tamarillos et au chocolat — 94

Tartelettes
- Apple pies à l'américaine — 64
- Tartelettes-crumbles aux fruits rouges — 22
- Tartelettes aux fraises et à la crème vanillée — 14
- Tartelettes meringuées aux groseilles et aux myrtilles — 36

Tartes
- Cheesecake au petit-lait et au kiwi — 80
- Cheesecake mandarine et Campari — 82
- Gâteau aux mûres — 30
- Tarte aux figues au Cointreau — 90
- Tarte aux tamarillos et au chocolat — 94
- Tarte choco-banane — 72
- Tarte mascarpone-fruits des bois — 16